あつまれ!! 小学生の数独

1・2・3年

ニコリ　編

もくじ

数独のときかた

数独は、空いているマスに数字を入れていくパズルです。

問題

1		2	3
3	2		
		4	1
4	1		2

↓

こたえ

1	4	2	3
3	2	1	4
2	3	4	1
4	1	3	2

空いているマスが全部うまるとできあがりです。

どうやってうめたらいいか、次のページから説明しましょう。

4×4マスの数独のルール

数字の入っていないマスに、１から４までのどれかを入れましょう。

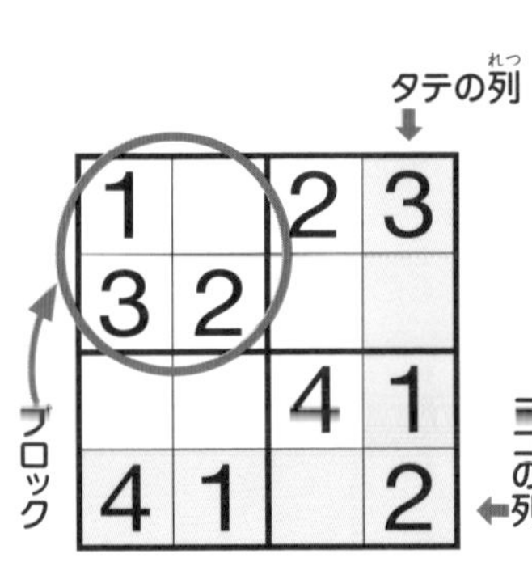

①どのタテの列にも、１から４までの数字が１つずつ入ります。
（列は４列あります）

②どのヨコの列にも、１から４までの数字が１つずつ入ります。
（列は４列あります）

③太い線で囲まれた４マスのブロックの中にも、１から４までの数字が１つずつ入ります。
（ブロックは４個あります）

1	4	2	3
3	2	1	4
2	3	4	1
4	1	3	2

左のように、どのタテの列、ヨコの列、ブロックの中にも、同じ数がダブらずに４つ入れば完成です。

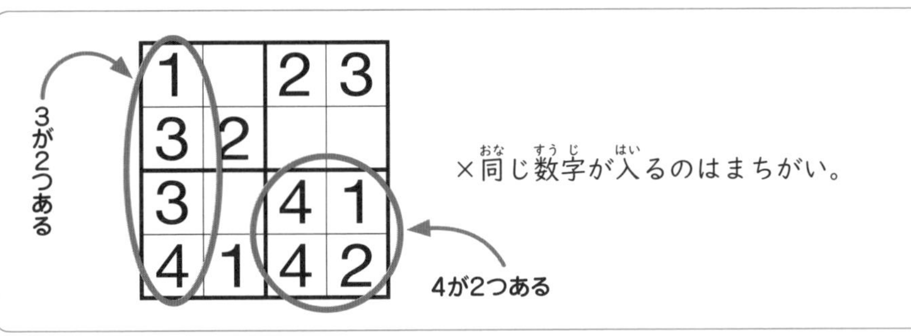

×同じ数字が入るのはまちがい。

◆4×4マスの数独を解いてみよう◆

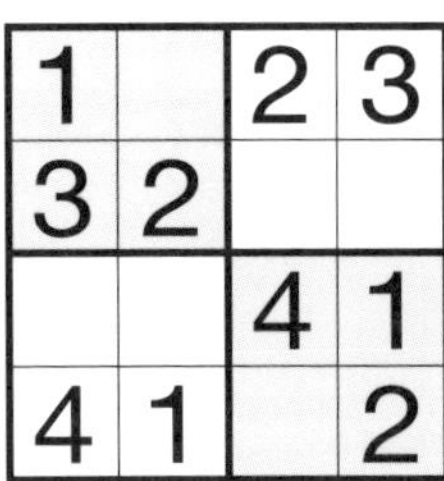

数字がたくさん入っているブロックを探そう。
左上のブロックは1、2、3が入っているので、まだ入っていない4が入る。
右下のブロックは1、2、4が入っているので、まだ入っていない3が入る。

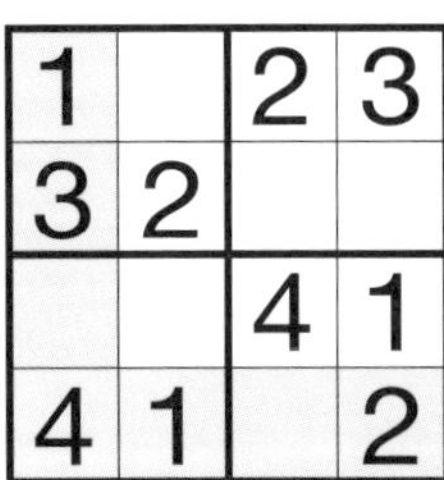

数字がたくさん入っている列も、考えやすいよ。
いちばん左のタテ列は、1、3、4が入っているので、まだ入っていない2が入る。
いちばん下のヨコ列は、1、2、4が入っているので、まだ入っていない3が入る。

1		2	3
3	2		
		4	1
4	1		2

この数字はどこに入るかな、という考えかたもあるよ。
1は右上のブロックでどこに入るかな？

1		2	3
3	2	★	
		4	①
4	1		2

いちばん右のタテ列に1があることに気をつけよう。
同じ列に同じ数字は入らないので、★のマスに1が入る。

こうやって、入りやすいところを見つけて解いていこう。

→4×4マスの数独は10ページからはじまります。

9×9マスの数独のルール

数字の入っていないマスに、１から９までのどれかを入れましょう。

タテの列

ブロック

ヨコの列

6	8	9	5	2	7	4	3	
	1		4				2	
	3	2	1					7
5	9		2	7	8	6	1	3
			3		9			
3	2	7	6	4	1		8	5
8					4	1	5	
	5				2		4	
	4	1	8	3	5	7	6	9

①どのタテの列にも、１から９までの数字が１つずつ入ります。（列は９列あります）

②どのヨコの列にも、１から９までの数字が１つずつ入ります。（列は９列あります）

③太い線で囲まれた９マスのブロックの中にも、１から９までの数字が１つずつ入ります。（ブロックは９個あります）

6	8	9	5	2	7	4	3	1
7	1	5	4	9	3	8	2	6
4	3	2	1	8	6	5	9	7
5	9	4	2	7	8	6	1	3
1	6	8	3	5	9	2	7	4
3	2	7	6	4	1	9	8	5
8	7	3	9	6	4	1	5	2
9	5	6	7	1	2	3	4	8
2	4	1	8	3	5	7	6	9

使う数字がふえますが、考えかたは同じ。
左のように、どのタテの列、ヨコの列、ブロックの中にも、同じ数がダブらずに９つ入れば完成です。

◆9×9マスの数独を解いてみよう◆

数字がたくさん入っているブロックを探そう。
中央のブロックは８個数字が入っていて、空いているマスは１つだけ。まだ入っていない数字を調べると、５が入る。

6	8	9	5	2	7	4	3	
	1		4				2	
	3	2	1					7
5	9		2	7	8	6	1	3
			3		9			
3	2	7	6	4	1		8	5
8					4	1	5	
	5				2		4	
	4	1	8	3	5	7	6	9

5が入る

数字がたくさん入っている列も、考えやすいよ。
いちばん上のヨコ列は空いているマスが１つだけ。まだ入っていない数字を調べると、１が入る。
いちばん下のヨコ列も空いているマスが１つだけ。まだ入っていない数字を調べると、２が入る。

6	8	9	5	2	7	4	3	
	1		4				2	
	3	2	1					7
5	9		2	7	8	6	1	3
			3		9			
3	2	7	6	4	1		8	5
8					4	1	5	
	5				2		4	
	4	1	8	3	5	7	6	9

1が入る

2が入る

6	8	9	5	2	7	4	3	
	1		4				2	
	3	2	1					7
5	9		2	7	8	6	1	3
			3		9			
3	2	7	6	4	1		8	5
8					4	1	5	
	5				2		4	
	4	1	8	3	5	7	6	9

9×9の数独では「この数字はブロックの中でどこに入るかな」という考えかたを多く使う。
5は左上のブロックでどこに入るかな？

6	8	9	5	2	7	4	3	
	1	★	4				2	
	3	2	1					7
5	9		2	7	8	6	1	3
			3		9			
3	2	7	6	4	1		8	5
8					4	1	5	
	5				2		4	
	4	1	8	3	5	7	6	9

タテやヨコの列にもう入っている5に気をつけよう。
同じ列に同じ数字は入らないので、★のマスに5が入る。

もう5が入っている列に5を入れてはダメ!

★に5が入ると、右上のブロックでも5の入るところが決まるよ。

こうやって、入りやすいところから解いていこう。

→9×9マスの数独は66ページからはじまります。

数独
SUDOKU

はじめのほうはヒントがついています。
気をつけて解いていこう。

＊といた日にちを書こう。　＊いまの天気に○をしよう。

月　　日

1

	3	1	2
1	2	3	4
2	1	4	3
3	4	2	

使うすうじ　1・2・3・4

数字のないマスは、左上と右下の２つです。
1・2・3・4の中でたりない数字を考えよう。

月　日

2

	1	2	3
3	2	1	
1	4	3	2
2		4	1

使うすうじ　1・2・3・4

左下のブロックでは、1と2と4が入っています。
まだ入っていないのは何かな？

月　日

3

2	3	1	
4		3	2
1	4		3
	2	4	1

使うすうじ　1・2・3・4

いちばん上の列には2と3と1が入っているので、残りは4。列も見て数字を決めよう。

月　日

4

3	2	4	1
4			2
1			3
2	3	1	4

使うすうじ　1・2・3・4

4つのブロックでたりない数字を1つずつ探そう。
同じ数字を同じ列に入れたらまちがいだよ。

月　日

5

	3	1	4
4		3	
1	2		3
3		2	1

使うすうじ　1・2・3・4

上から1列目や3列目や4列目には、
もう数字が3個入っているので、探しやすいね。

月　日

6

	1	2	
4	2		3
1		4	2
	4	3	

使うすうじ　1・2・3・4

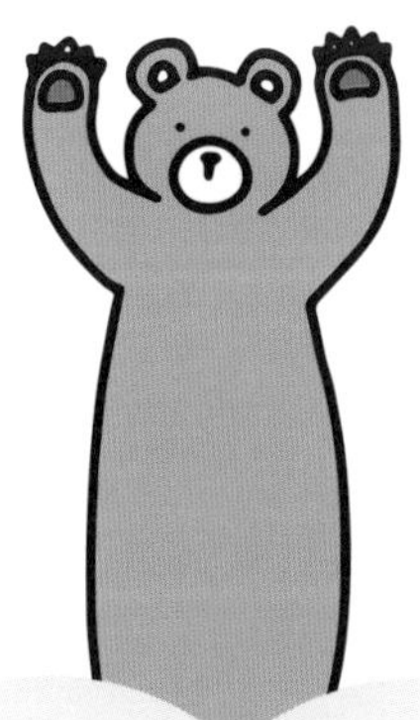

左上のブロックは、1つだけ残った数字を入れよう。
左から2列目のように、3個うまった列もあるよ。

月　日　☼ ☁ ☂ ☃

7

	4	1	2
	2		3
2		3	
4	3	2	

使うすうじ　1・2・3・4

タテやヨコにたどったとき、同じ列に同じ数字を入れてはいけないよ。
左上のブロックで3が入るのはどっちかな？

月　日

8

	1	4	2
4		1	
	4		1
1	3	2	

使うすうじ　1・2・3・4

右上や左下のブロックは、残った数字を入れよう。
いちばん上や下の列もわかりやすいよ。

月　日

9

2		3	
	3		2
3		1	4
	1	2	

使うすうじ　1・2・3・4

数字がたくさん入っている、右下のブロックから
考えてみよう。

月　日

10

2			
3	1	2	
	3	4	2
			1

使うすうじ　1・2・3・4

左下のブロックで、空いているマスのうち、
2を入れられる場所は1つだけだよ。

月　日

11

	1		4
		3	1
2	4		
1		4	

使うすうじ　1・2・3・4

左下や右上のブロックに入る数字をまず考えよう。
左上で2が入るマスも1つしかないよ。

月　日

12

	1	2	
2			1
3			2
1			4

使うすうじ　1・2・3・4

いちばん左の列や、いちばん右の列がわかりやすい。
左下のブロックで、2はどこに入るかな？

月　日

13

	4	3	
3		1	
	1		3
	3	2	

使うすうじ　1・2・3・4

左上のブロックの、どちらが1でどちらが2か考えよう。同じ列に1を2個入れてはいけないよ。

月　日

14

	4		2
	1	3	
	3	2	
1		4	

使うすうじ　1・2・3・4

左から2列目や3列目で、
残っている数字を考えるとわかりやすい。

月　日

15

	4		1
	2		4
4		1	
2		4	

使うすうじ　1・2・3・4

いちばん左上のマスに1を入れると、いちばん上のヨコの列に1が2つ入ってしまうのでダメだよ。

月　　日 ☀ ☁ ☂ ☃

16

4		2	
	2		1
1		3	
	3		4

使うすうじ　1・2・3・4

ここからはヒントはありません。自分で、
がんばって解いてみよう！

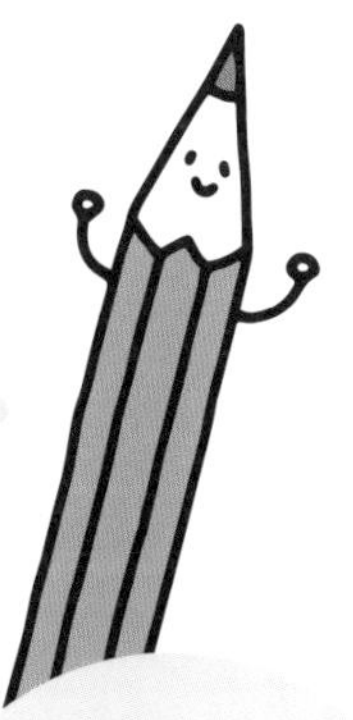

月　日

17

	1	2	
	2	4	
	3	1	
	4	3	

使(つか)うすうじ　1・2・3・4

月 日

18

		3	
4	3		
		1	2
	2		

使うすうじ　1・2・3・4

月 日

19

3			
	1		2
2		4	
			3

使うすうじ 1・2・3・4

月　日

20

	2		
	1	3	
	4	2	
		1	

使うすうじ　1・2・3・4

月　日

21

	4	1	
	1	2	
2			1

使うすうじ　1・2・3・4

月（がつ）　日（にち）

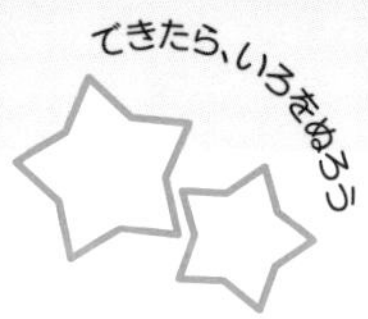

22

2	1		
4			
			3
		1	2

使（つか）うすうじ　1・2・3・4

月　日

23

			3
		2	
4	3		
2	1		

使うすうじ　1・2・3・4

月　日

24

	1		2
4			
			3
2		1	

使うすうじ　1・2・3・4

月(がつ)　日(にち)

25

1			
	2		1
		2	
	3		

使(つか)うすうじ　1・2・3・4

月　日 ☀ ☁ ☂ ⛄

26

		3	
3			2
	4		
		1	

使うすうじ　1・2・3・4

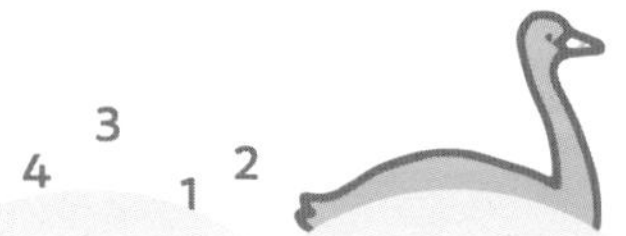

月　日 ☀ ☁ ☂ ☃

27

3			2
		2	
4			3

使うすうじ　1・2・3・4

月(がつ)　日(にち)

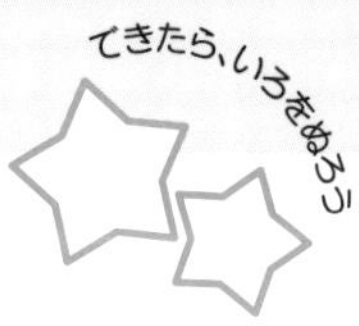

28

	1		4
	4		2
2			

使(つか)うすうじ　1・2・3・4

月　日

29

			2
1			
3			
	1	3	

使うすうじ　1・2・3・4

月　日

30

	2	3	
3			4

使うすうじ　1・2・3・4

31

		4	
		1	
	2		
	1		

使うすうじ　1・2・3・4

数字(すうじ)をつなごう

NUMBERLINK

おなじ数字(すうじ)を線(せん)でつなぐパズル。
けしごむをたくさん使(つか)って解(と)こう。

数字をつなごうのときかた

「数字をつなごう」は、
おなじ２つの数字を、線でつなぐパズルです。

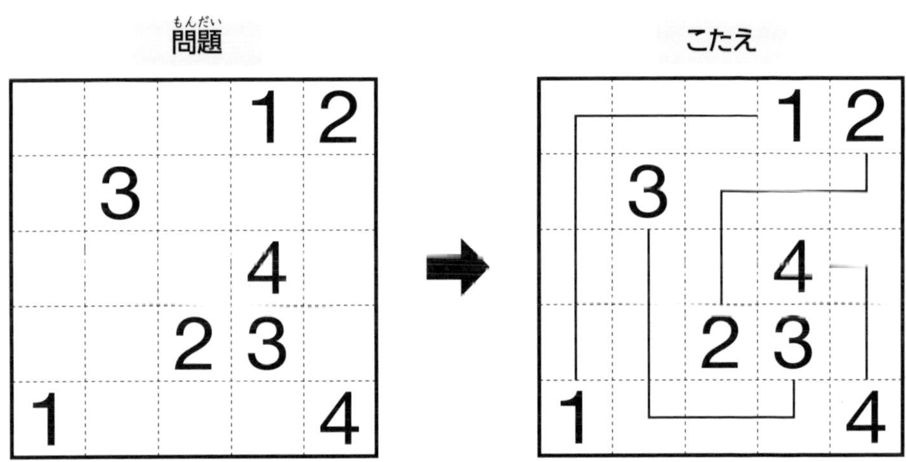

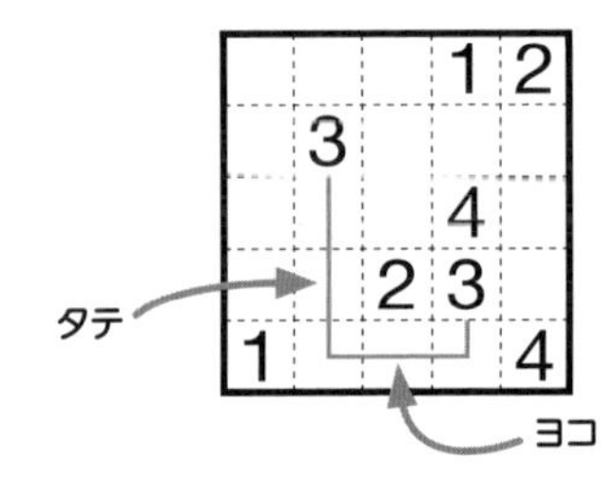

線はタテヨコに引こう。
１つのマスに通っていい線は１本だけだよ。

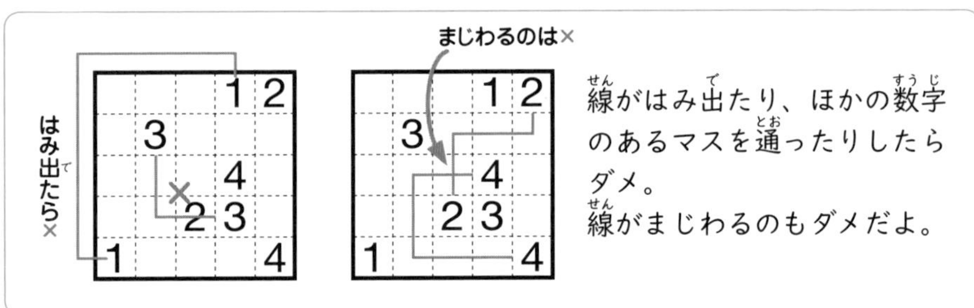

線がはみ出たり、ほかの数字のあるマスを通ったりしたらダメ。
線がまじわるのもダメだよ。

数字がたくさんあるところや、はじっこから進めていこう。

1				4
2	4	3	1	
			3	
				2

月 日

				2
	1			
2	4		4	
3	1			
				3

1	4			
			2	
		1	3	
	2			4
				3

月　日

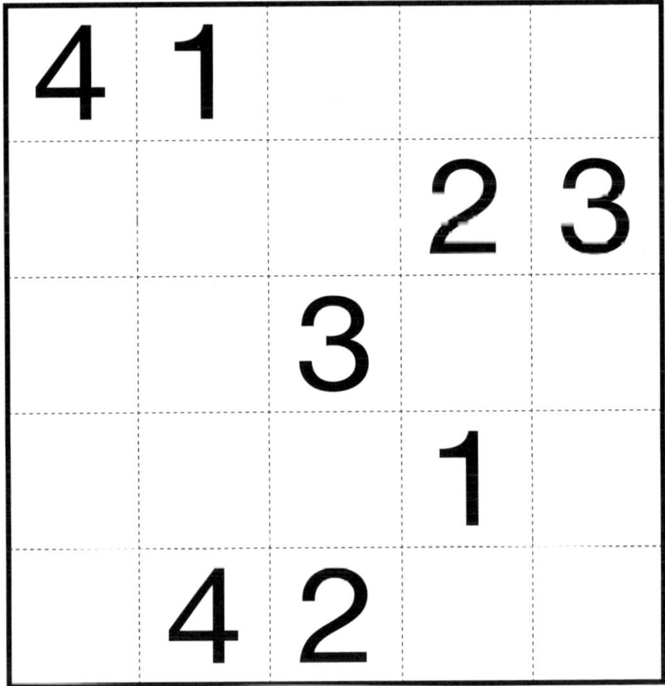

4	1			
			2	3
		3		
			1	
	4	2		

月　　日

				3
	1			
	3		2	
			4	
2	4			1

がつ　にち
月　日

5					6
4					
		2	4	5	
2	3	1		6	3
1					

月（がつ）　日（にち）

			2	4	
2	3			5	
		6			
				5	4
		1			
6				3	1

月(がつ)　日(にち)

					3
	1				5
3			2	4	
	4			5	2
		1			

月　日

				1	5
	2	5			
					4
				2	
	3	4		3	
	1				

	4	2			
				1	3
		3		2	
4				5	
5					1

四角に切ろう

SHIKAKU

マスを四角く切り取るパズル。
四角の部屋をたくさん作ろう。

四角に切ろうのときかた

「四角に切ろう」は、
数字の大きさの四角にマスをわけていくパズルです。

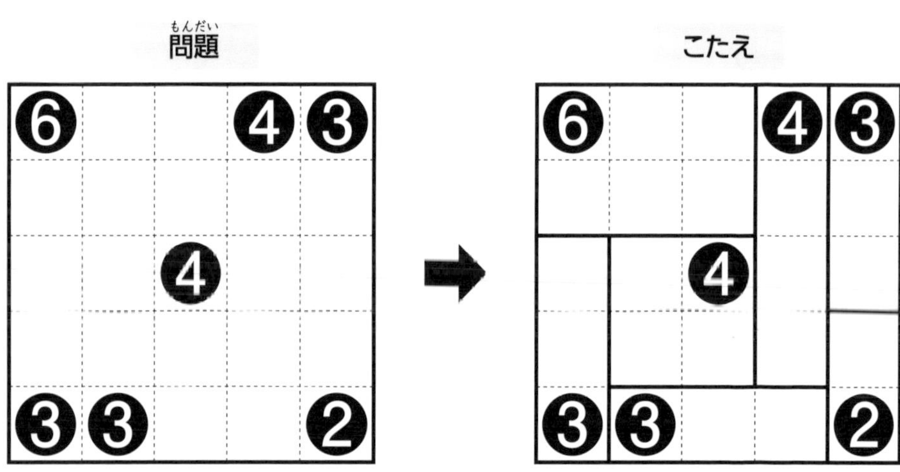

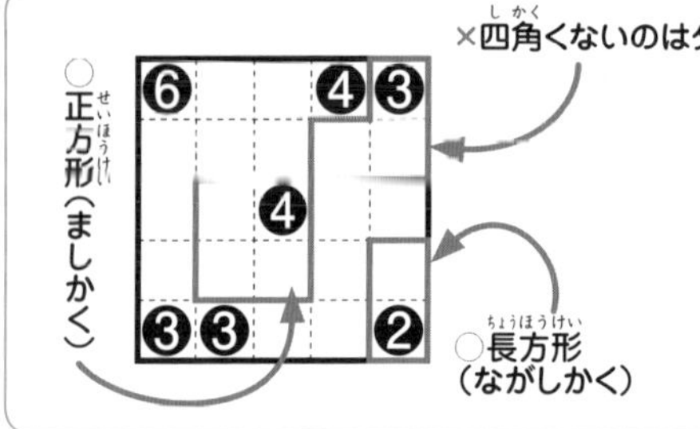

線を引いていいのは点線の上だけ。
「四角」は、
長方形（ながしかく）か
正方形（ましかく）のどちらか。

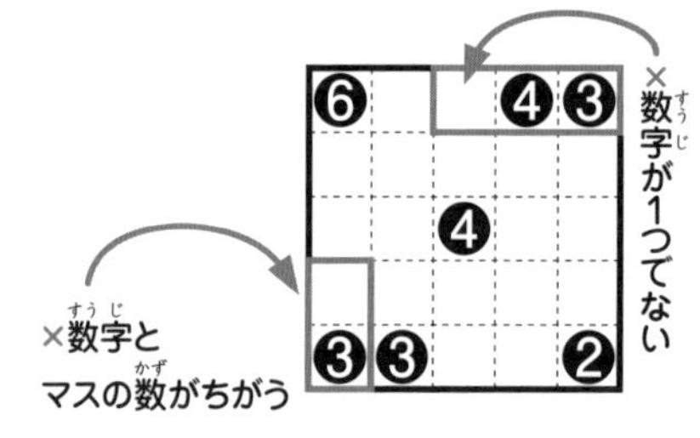

１つの四角の中に、数字が１つずつ入るようにしよう。
数字は、四角の中にあるマスの数をあらわしているよ。

数字がたくさんあるところや、大きい数字から考えよう。

月　　日

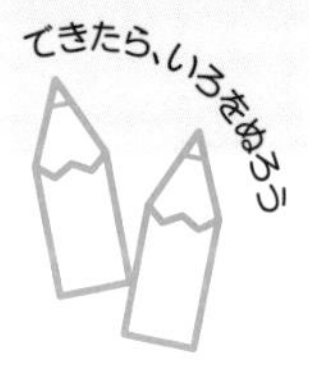

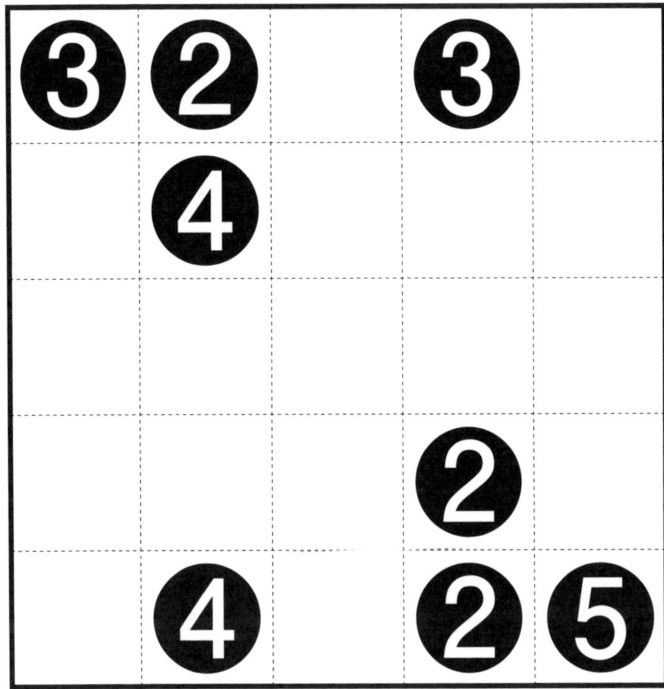

月（がつ）　日（にち）

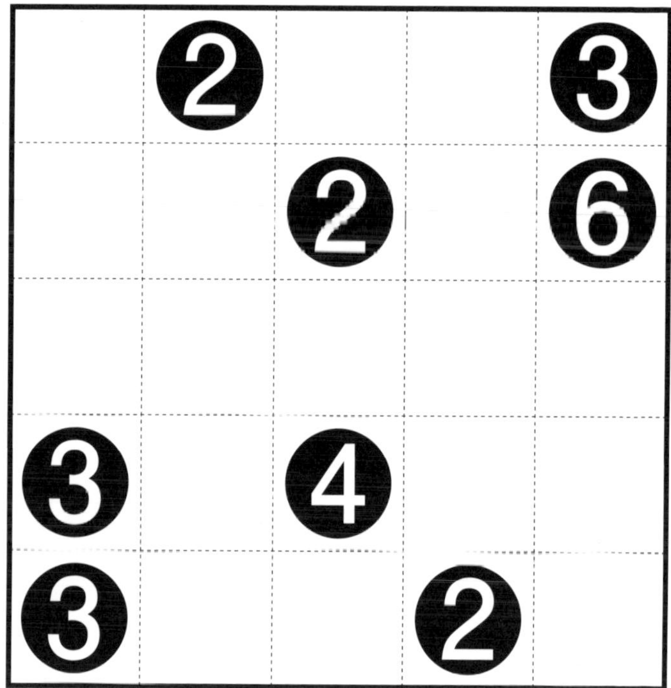

月 日

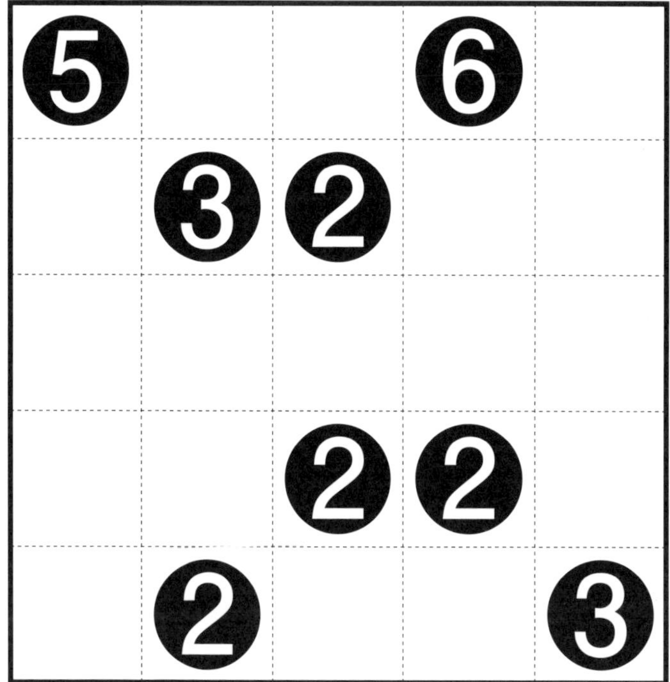

月　　日

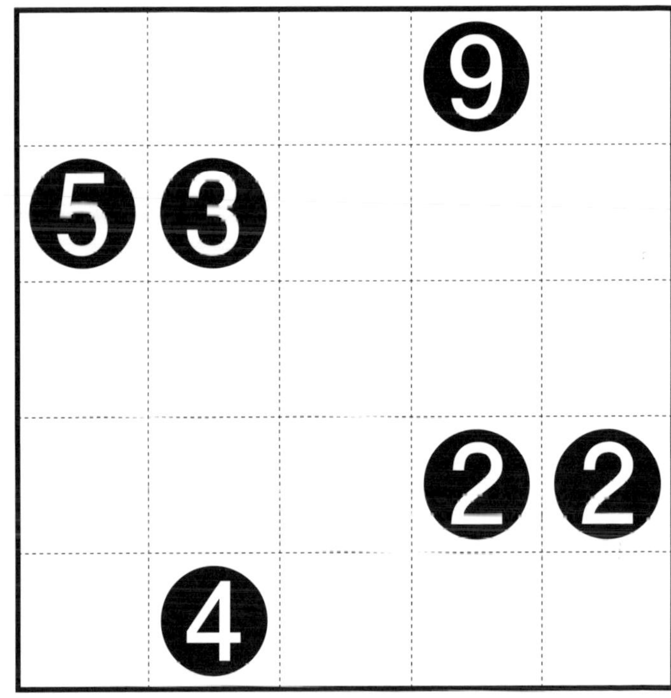

月　　日

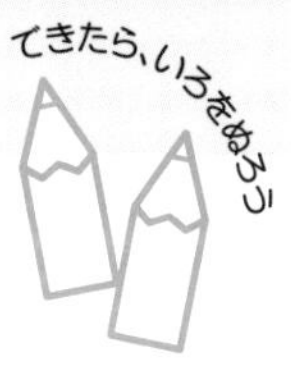

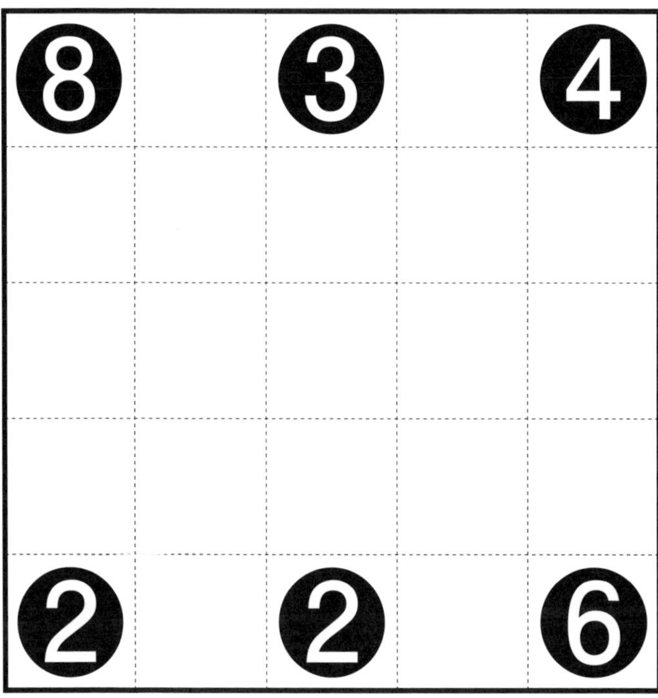

月（がつ）　日（にち）

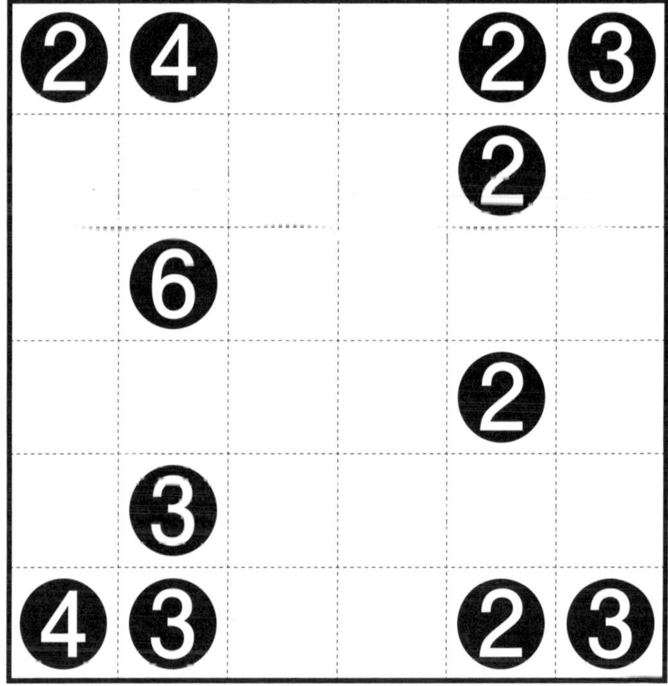

月（がつ）　日（にち）

4	5				
	3				6
		2			
			3		
2				4	
				4	3

月(がつ)　日(にち)

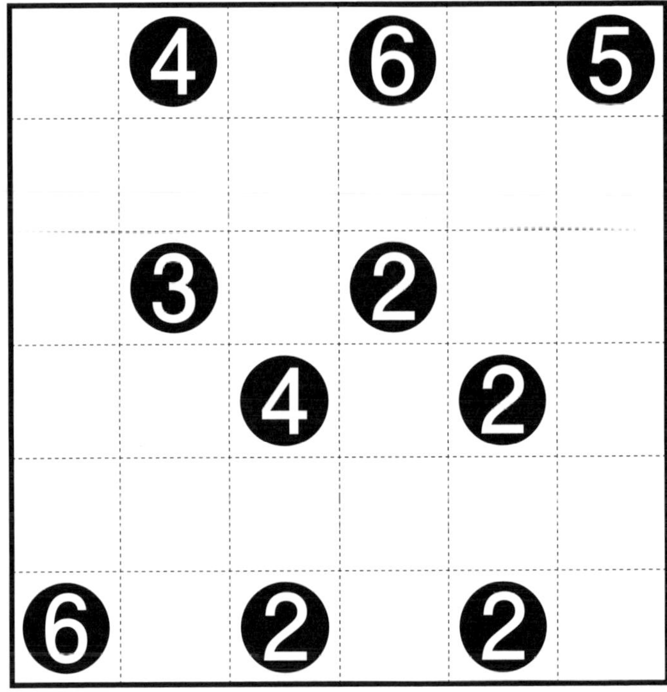

月　日

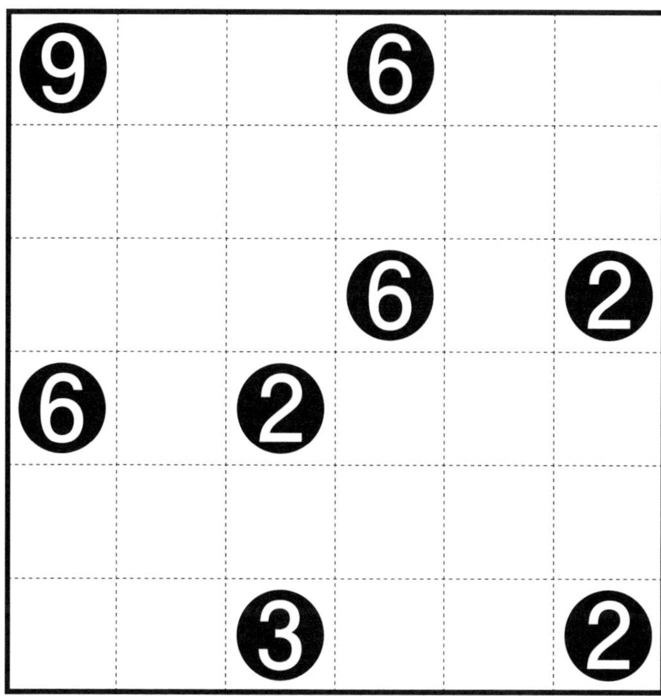

月（がつ）　日（にち）

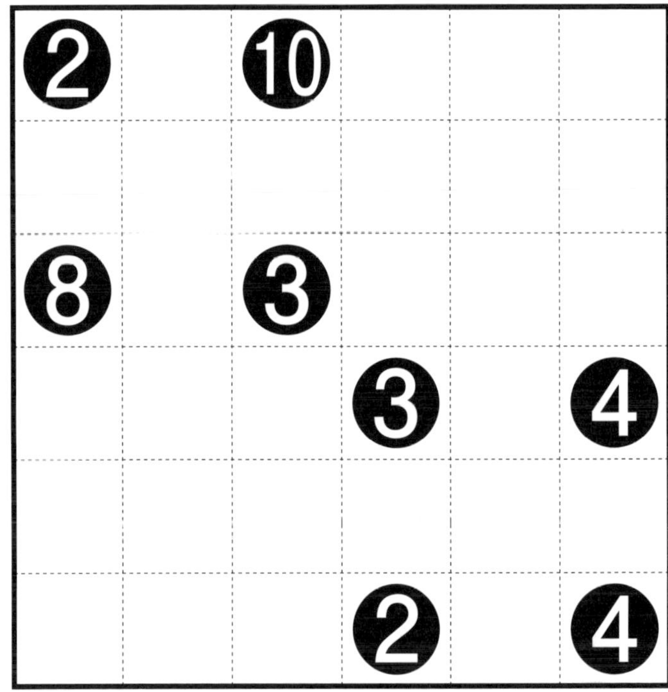

数独（すうどく）

SUDOKU

マスの数（かず）がふえるけれど、考（かんが）えかたはおなじ。
じっくり解（と）いていこう。

月　日

32

	2	5	6		4	8	9	7
4	3	9	8	5			6	2
7	8	6	2	1	9			3
9		1	3	8	2	7		4
8	7	3	9		5	6	2	1
2		4	7	6	1	3		9
6			1	2	3	4	7	5
3	4			7	6	9	1	8
5	1	7	4		8	2	3	

使うすうじ　1・2・3・4・5・6・7・8・9

数字がたくさん入ったブロックを見つけよう。左上や右下は、空いたマスが1つだけ。1～9のうちたりない数字を入れよう。

月　日

33

7		1	8	6		4	2	3
6	2			7		5	1	9
3	4	9	5		2		8	6
	8	3	7	4	6	2	9	
2		4	9		5	6		1
	6	5	2	3	1	8	7	
5	3		1		7	9	4	8
4	1	7		9			5	2
8	9	2		5	4	1		7

使うすうじ　1・2・3・4・5・6・7・8・9

右上や左下のブロックは入れやすい。数字を入れたら、左から３列目や右から３列目のタテの列を考えよう。

月　日

34

	1		5	8	6	4	9	
5	7	4			2		1	8
	6	8	7	4			5	3
3	9	2	4	5		8	6	
8		6	2	1	9	7		5
	5	1		6	3	9	2	4
4	3			7	5	1	8	
6	8		1			3	7	9
	2	7	3	9	8		4	

使うすうじ　1・2・3・4・5・6・7・8・9

中央のブロックで、まだ入っていない8を5の右のマスに入れると、同じ列に2つ入ってしまうので×。2の下のマスに入るよ。

月　日

35

		8	6	4		2	1	9
	9	2	1	5	7		3	8
1	3	6		2	8			4
2	5		7			8	4	1
	6	7	4	9	1	3	5	
3	1	4			2		9	6
6			3	7		9	8	5
9	4		8	6	5	1	2	
7	8	5		1	9	4		

使うすうじ　1・2・3・4・5・6・7・8・9

空いているマスが少ないブロックを見つけよう。２つしか空いてないブロックが４つあるから、そこから考えると解きやすい。

月　日

36

9	1	3		7	4			8
4		5	6		9	3		
8	7		2	1		9	5	
	5	4	7	3	1		9	6
6		1	9		5	2		7
3	9		8	2	6	4	1	
	3	2		6	8		4	9
		8	3		7	1		2
1			4	5		7	8	3

使うすうじ　1・2・3・4・5・6・7・8・9

左上のブロックには2と6がまだ入っていない。上から2列目と3列目にある6と2とダブらないようにする入れかたは…？

月　日　☼ ☁ ☂ ☃

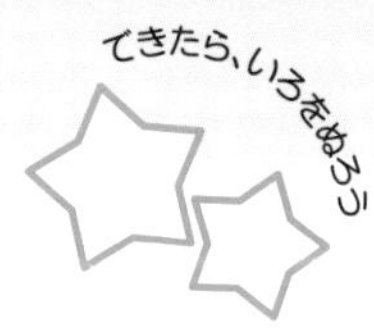

37

6	2	3	8	9		7	1	5
1		7		3				4
4		8		1	5	2		6
5	8	1	3	4		6	2	9
		9				4		
7	4	6		2	9	5	8	3
9		5	4	8		3		7
8				6		1		2
3	6	2		7	1	9	4	8

使うすうじ　1・2・3・4・5・6・7・8・9

いちばん上や下のヨコの列は空いたマスが1つしかない。いちばん左と右のタテの列も空いたマスが1つだけだね。

月　日

38

8	1			9	6	5	4	
6		4	7		5	1		2
	3	7	4	2			8	9
	2	1	8	5			9	6
9		5	1		3	7		4
7	6			4	2	8	1	
3	4			1	9	2	7	
2		9	6		8	4		1
	5	8	2	7			6	3

使うすうじ　1・2・3・4・5・6・7・8・9

9に注目すると、9がないブロックは左上・中央・右下の3つだけ。この3つのブロックで9がダブらないマスは1つずつだよ。

月　日 ☼ ☁ ☂ ☃

39

1			5	7	3	6	2	9
6	3			2	8	1	7	
5	7	2			9	3		
8	2	3	9		1			6
4	6						1	2
7			2		4	5	3	8
		6	1			4	9	7
	4	7	3	9			5	1
9	1	8	7	4	5			3

使うすうじ　1・2・3・4・5・6・7・8・9

左下のブロックで2が入るマスは、9の1つ上か2つ上か、最初は決まらない。どちらに入るか決まらないときはあとまわしにしよう。

月　日

40

2					3		8	1
6		7		8		4	3	5
	5	8	6	1	4	9	7	
7		6	2		8		1	4
5	8			7			6	9
1	9		5		6	7		8
	6	1	3	4	9	2	5	
9	7	3		2		1		6
4	2		1					3

使うすうじ　1・2・3・4・5・6・7・8・9

たくさんある数字から考えるのも解きやすい。1は始めに7つ入っているので、まだ入っていない左上と中央のブロックを考えよう。

月　日

41

		3		9	2		1	7
1	7	2		8	4		9	5
4	9	6	5			3	8	2
3		5	9		8	7		
	1			6			4	
		9	2		1	8		3
8	2	4			5	9	7	6
9	5		8	2		1	3	4
6	3		4	7		2		

使うすうじ　1・2・3・4・5・6・7・8・9

２マスしか空いていないブロックは入れやすいね。左上や右上のブロックがうまると、上から１列目や２列目のヨコ列も決まる。

月　　日

42

1	2	3		9	6		7	4
8	5		7		4			2
4		9	3		2	1		
	6		8		3	9	4	5
7		8		5		2		1
9	3	5	2		1		8	
		4	1		5	7		9
5			9		7		6	8
6	9		4	2		5	1	3

使うすうじ　1・2・3・4・5・6・7・8・9

右上のブロックで、まだ入っていない8が入るマスは7の左のマスしかない。このように空いたマスが多くても決まる数字もあるよ。

月　日

43

2	8	4	3		1	9	5	6
5	1					3	4	7
6	7		4	9				2
7			2	4	3	5		8
		2	7		6	4		
3		6	9	5	8			1
1				3	9		2	4
9	3	7					8	5
4	2	8	5		7	1	9	3

使うすうじ　1・2・3・4・5・6・7・8・9

左上・右上・左下・右下のブロックはやさしい。始めにたくさんある3は、まだ入っていないブロックのどこに入るかな？

月　日

	7	8						
1	2	5		9	4	8	7	6
4	3			6	7	1	5	2
	4	3	9	5	8			
	8	6	7		1	2	9	
			6	2	3	5	4	
3	6	1	5	7			8	9
7	5	2	4	8		3	6	1
						7	2	

使うすうじ　1・2・3・4・5・6・7・8・9

中央・左上・右下のブロックが考えやすい。
右上のブロックも空いたマスは少ないので、
数字が決まりやすいよ。

月 日 ☼ ☁ ☂ ☃

45

2		1		6		9		4
	4		9	8	1	2	7	
5		8		2		3	6	1
	5		3		6		2	
4	3	7		1		5	9	6
	6		4		5		1	
9	8	3		5		1		2
	1	5	2	4	8		3	
6		4		3		8		7

使うすうじ　1・2・3・4・5・6・7・8・9

ここからはヒントはありません。自分で、がんばって解いてみよう！

月　日

46

	2	3		9		6	5	
6		4	1	3	8	2		7
7	8			2			4	1
	3		9		1		2	
2		1	3	8	5	4		6
	6		2		7		3	
3	4			5			1	2
5		6	4	1	2	9		3
	1	2		7		5	6	

使うすうじ　1・2・3・4・5・6・7・8・9

月 日

47

2	5	3	4	6	7		1	9
4						5		2
	1	8	9			3		7
3			8	1	2	7		4
8			7		6			1
1		5	3	9	4			6
9		6			8	1	7	
5		1						3
7	4		5	3	1	6	9	8

使うすうじ 1・2・3・4・5・6・7・8・9

がつ　にち
月　日

48

1	2	3	4	5	6	7	8	
4								5
6			8		1	2		3
9		8	3	4		1		7
7			5	1	8			6
2		5		6	9	4		8
5		1	6		4			2
3								4
	4	6	9	2	3	5	7	1

使うすうじ　1・2・3・4・5・6・7・8・9

がつ　にち
月　日

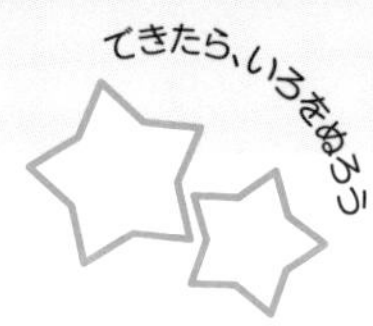

49

	3	2	1	7		6		5
	8	1	5	9		3	7	4
	9					1		8
3	2	6		5				
8	4	7		3		5	1	6
				8		2	3	7
9		3					6	
2	1	8		4	6	7	5	
5		4		2	7	9	8	

使うすうじ　1・2・3・4・5・6・7・8・9

月 日 がつ にち

50

4	2	6		7	9	5		
3		8	1	5		4		
9	1					7	6	8
	6		3	8				4
5	8		7	1	4		2	3
2				9	5		1	
6	4	1					8	5
		3		2	8	1		6
		2	4	6		3	7	9

使うすうじ 1・2・3・4・5・6・7・8・9

がつ　にち
月　日

51

	6	8	1	7			9	
5	2	9				7	1	6
7	3				2	4	5	
3				4	9	6		
1			7	3	6			5
		2	8	5				9
	4	7	5				8	2
8	1	6				5	3	4
	5			1	8	9	6	

使うすうじ　1・2・3・4・5・6・7・8・9

月（がつ）　日（にち）

52

1	8	2	6				7	4
9				8	2	3	1	
6				7	5	9		
	5	6		1				8
	1	3	9		4	2	6	
7				2		1	5	
		8	2	6				5
	2	7	3	9				1
3	6				7	8	2	9

使（つか）うすうじ　1・2・3・4・5・6・7・8・9

がつ　にち
月　日

53

6	1	4			9	7	3	2
7		2		4		1		9
8	3			7			5	4
				5				8
	7	8	2		1	3	4	
9				6				
2	9			3			6	7
3		7		1		9		5
4	6	5	9			8	1	3

使うすうじ　1・2・3・4・5・6・7・8・9

月 日

54

		1	2			9	4	
	7	8			9	1		5
2	9			4	5		8	7
9			5	2		8	6	
		3	8		4	7		
	4	5		7	1			3
7	5		9	1			3	2
3		9	7			4	1	
	8	2			6	5		

使うすうじ　1・2・3・4・5・6・7・8・9

月 日

55

		3	8	7	9	1		
	8	9			2	5		
2	1	4			6	8	7	9
4					3	6	2	1
3								5
8	6	1	9					4
5	3	6	2			4	1	7
		8	5			2	9	
		7	1	6	4	3		

使うすうじ 1・2・3・4・5・6・7・8・9

がつ　にち
月　日

56

4	5	3	1			9	6	7
9		2					4	
8	7			4		1	5	2
7			8	2				
		5	3		1	8		
				9	4			5
5	9	1		6			2	3
	8					5		9
3	2	7			9	6	8	4

使うすうじ　1・2・3・4・5・6・7・8・9

月（がつ） 日（にち） ☼ ☁ ☂ ☃

57

8								3
	9	1	7	4	6	2	8	
	6	5		9		4	7	
	4		1		2		5	
	1	3		8		6	2	
	2		4		7		3	
	3	7		5		8	1	
	8	9	6	2	3	5	4	
4								6

使（つか）うすうじ　1・2・3・4・5・6・7・8・9

5 7 4 1 2 3 6 9 8

月(がつ) 日(にち)

58

3				6				5
	1	2	3	4	5	6	7	
	6			9			1	
	7		8		1		2	
6	2	3		7		4	8	1
	5		6		4		3	
	9			1			5	
	8	7	4	5	3	9	6	
5				8				7

使(つか)うすうじ 1・2・3・4・5・6・7・8・9

月　日

59

	6		8		7		3	
8		3		2		7		9
	4		9		3		2	
6		7		9		8		3
	9		7		1		5	
5		2		4		9		7
	7		4		2		8	
4		8		1		2		6
	2		6		8		9	

使うすうじ　1・2・3・4・5・6・7・8・9

月　日

60

	2	1			3			7
			1	6	9			2
3	9		2			8	4	
1	6					7	9	
7		9		8		1		3
	3	5					2	4
	7	4			8		1	6
2			7	1	6			
6			3			2	7	

使うすうじ　1・2・3・4・5・6・7・8・9

月　日

61

7		5		9		6		8
8			1		5		4	
		9	8		7	3		
	3	1			2	9	8	
9				3				6
	8	2	9			5	7	
		8	7		6	4		
	1		3		9			5
2		6		5		8		7

使うすうじ　1・2・3・4・5・6・7・8・9

月　日

62

	6	5			7	9		
2	8					1	5	
1			2	8			4	7
		9		3	1			6
		1	6		9	8		
8			7	4		3		
9	3			2	8			1
	1	8					9	5
		2	1			4	3	

使うすうじ　1・2・3・4・5・6・7・8・9

月（がつ）　日（にち）

63

	7	2	9			5		8
9				1			7	6
6		5	7		3			
		4			9	8		3
	8			4			2	
1		3	8			6		
			2		7	9		1
7	5			9				4
8		9			1	7	6	

使（つか）うすうじ　1・2・3・4・5・6・7・8・9

64

	9		7		8			6
2		3		5		9	7	
	4				3		1	
5			3		6	2		7
	8			9			4	
3		9	4		1			5
	7		8				2	
	5	2		4		1		3
6			2		9		5	

使(つか)うすうじ　1・2・3・4・5・6・7・8・9

月　日

65

		5	2	6				9
					7	6		3
	3	2	1			5		8
	8		3		1	4		5
				2				
7		1	4		8		6	
5		3			4	7	8	
4		8	7					
1				5	6	2		

使うすうじ　1・2・3・4・5・6・7・8・9

がつ　にち
月　　日

66

	3	4	2					6
5					1	3	9	
7		8		4			5	
2			6		4		1	
		1				5		
	5		8		2			3
	6			3		4		9
	7	2	5					8
3					8	7	6	

使うすうじ　1・2・3・4・5・6・7・8・9

月 日

67

	2		6		9		4	
	8				2		5	
		1	7	8			9	
4						2		
7	9		5	3	6		8	4
		8						9
	1			7	5	9		
	3		2				1	
	7		9		4		3	

使うすうじ 1・2・3・4・5・6・7・8・9

月(がつ)　日(にち)

68

		8	6	9			5	
3			2			8		
	2				8			7
		1		5			3	6
2			9		6			4
9	7			1		2		
6			5				1	
		3			1			8
	5			7	3	4		

使(つか)うすうじ　1・2・3・4・5・6・7・8・9

月（がつ）　日（にち）

69

		6						3
	8	9			1	4		
2	5	7					6	
				2	3			7
1			8		9			4
7			6	5				
	9					1	7	8
		2	4			5	9	
6						3		

使（つか）うすうじ　1・2・3・4・5・6・7・8・9

がつ　にち
月　日

70

		1		3			6	
8	4			7				5
			1			2		
3		5			6		1	
7								3
	6		4			5		7
		3			5			
5				4			8	1
	2			1		4		

使うすうじ　1・2・3・4・5・6・7・8・9

数字(すうじ)をつなごう

その2

四角(しかく)に切(き)ろう

大(おお)きいパズルにも挑戦(ちょうせん)してみよう！

月(がつ)　日(にち)

1	2			4	5	6		
	3					4	7	
2	1				5			
	3							6
				8				7
					10			
							9	
10	9	8						

「数字(すうじ)をつなごう」は20番(ばん)までつづきます。

がつ　にち
月　日

	6	7	1					
	5						7	
							2	1
			8			3		
6								
					10			3
	9		8	10	9		2	4
5	4							

5 7 1 3 2 9 4 8 6

月　　日

	6	1						
	7			7	1		10	2
							9	
		9						
						4	3	10
	5	2			8			
		3						
6						5	4	8

月（がつ）　日（にち）

							1	4
	8						9	
				8				
		9				3		
				4	7	6		
1		6	5					
2	5					2	7	
						3		

月（がつ）　日（にち）

1	4				7	2		
			8				6	
					9			
		7	9	8				
		6				5	2	
	3						4	5
			1					3

月　日

2	1							
					5	4		1
		7				6		
			6				7	
							8	
		8					5	
	3						4	3
					2			

月　日

2	4				7	1		
		7					3	
5		6					6	
				4				
			3					
	2						5	
						1		

						1	5	4
	2	6	4					
					5			
1		7					8	
							6	
		8		7	3			
								3
								2

月　日

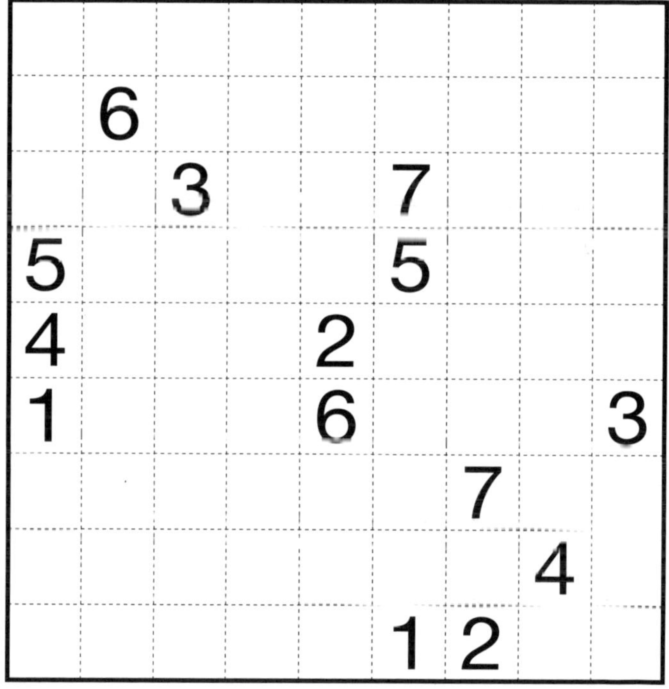

	6							
		3			7			
5					5			
4				2				
1				6				3
						7		
							4	
					1	2		

月(がつ)　日(にち)

			2					
			4		3	1		
		5						
	6	3			4			
			7					
			1					
					7		6	
2							5	

がつ　　にち
月　　日

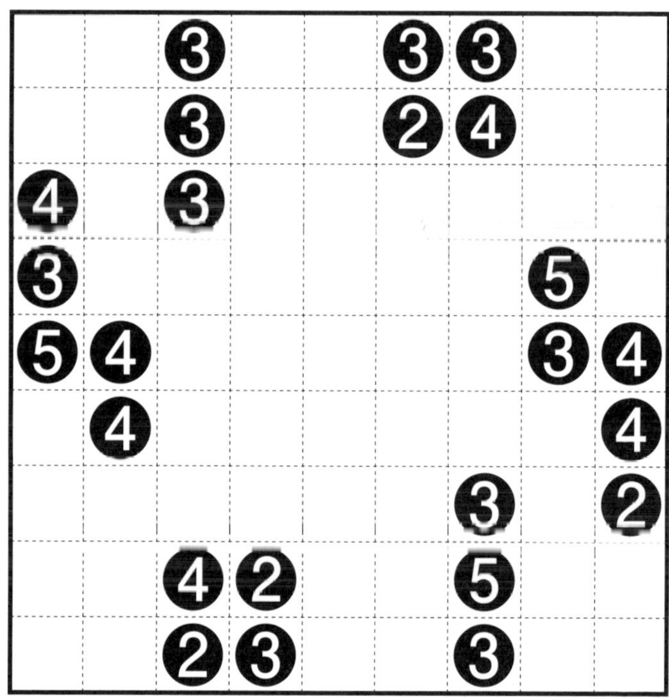

しかく　き　ばん
「四角に切ろう」は20番までつづきます。

月（がつ）　日（にち）

4					3			2
5	5							
				6	2			9
					4			
			3		3			
			3					
3			2	2				
							9	4
6			3					3

月（がつ）　日（にち）

		8		4			2	3
							4	
		6		4				
								3
3	2		2		4		2	5
5								
				2		2		
	6							
3	3			2		6		

月　日

3			3					5
					2			9
6								
8		4	2		4			
			2		4	2		4
								5
3			4					
3					2			6

月（がつ）　日（にち）

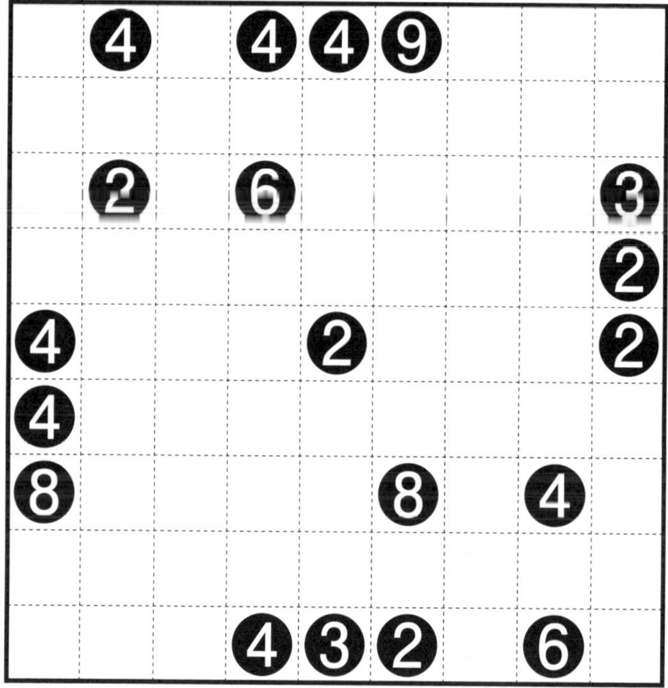

がつ 月
にち 日

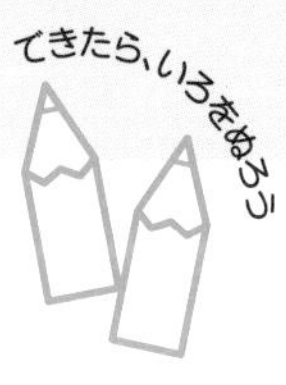
できたら、いろをぬろう

16

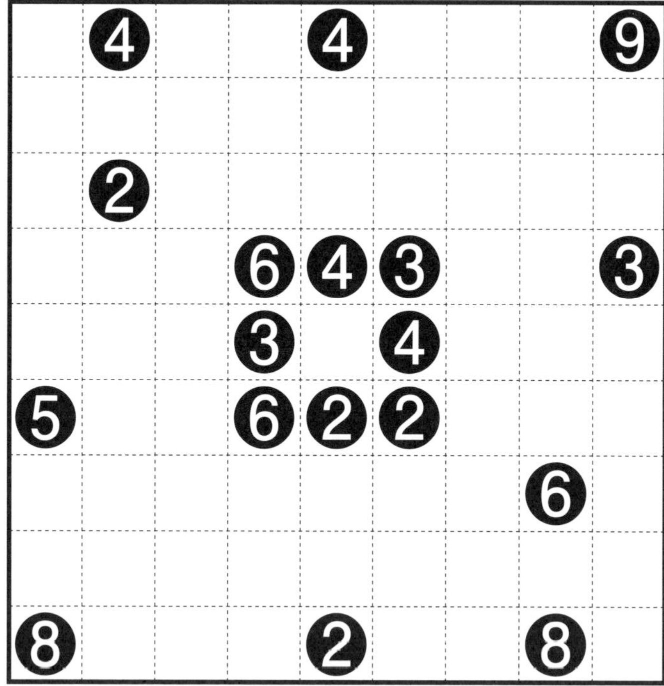
4 4 9
2
6 4 3 3
3 4
5 6 2 2
6
8 2 8

月　日

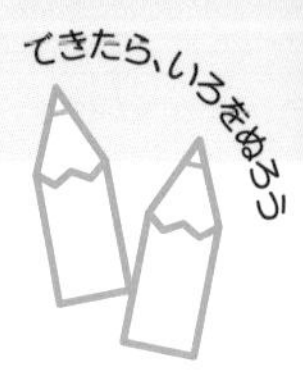

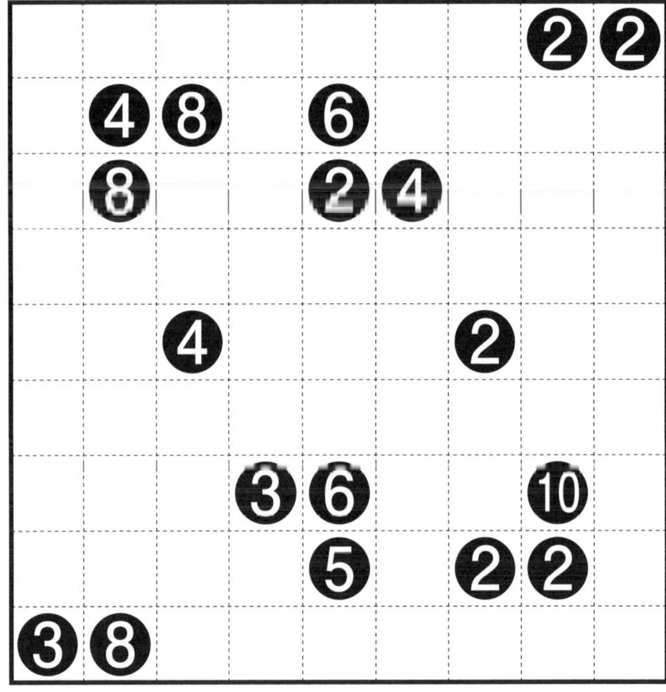

<table>
<tr><td>5</td><td></td><td></td><td></td><td></td><td></td><td>8</td><td></td><td></td></tr>
<tr><td></td><td>3</td><td></td><td></td><td>2</td><td></td><td></td><td>4</td><td>5</td></tr>
<tr><td></td><td></td><td></td><td></td><td></td><td></td><td></td><td></td><td></td></tr>
<tr><td>3</td><td></td><td></td><td></td><td></td><td></td><td></td><td></td><td></td></tr>
<tr><td></td><td>3</td><td>6</td><td></td><td>3</td><td></td><td>4</td><td>2</td><td></td></tr>
<tr><td></td><td></td><td></td><td></td><td></td><td></td><td></td><td></td><td>3</td></tr>
<tr><td></td><td></td><td></td><td></td><td></td><td></td><td></td><td></td><td></td></tr>
<tr><td>4</td><td>9</td><td></td><td></td><td>4</td><td></td><td></td><td>6</td><td></td></tr>
<tr><td></td><td></td><td>3</td><td></td><td></td><td></td><td></td><td></td><td>4</td></tr>
</table>

がつ　にち
月　日

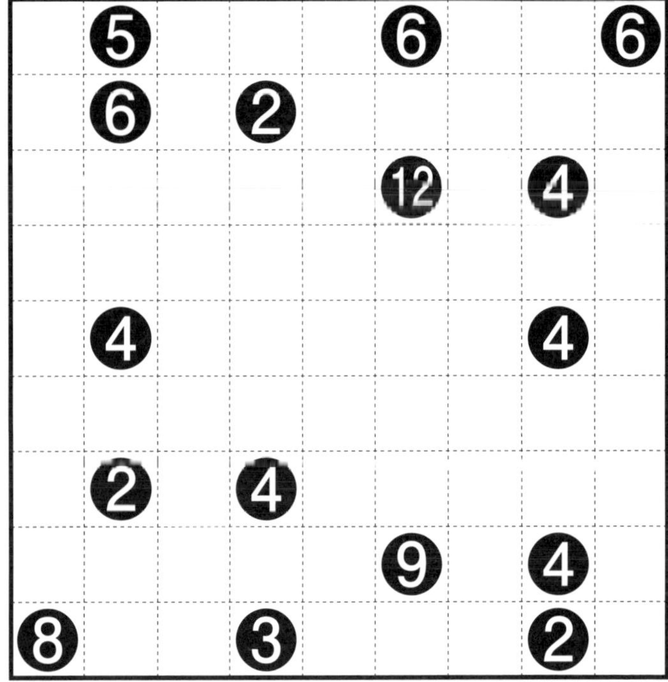

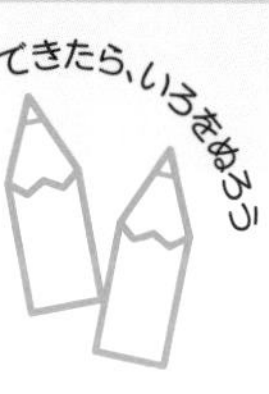

	3		7					
					2			4
			6					
	6					6		4
				4				
6		6					4	
					2			
3			4					
					5		9	

こたえ
SOLUTIONS

●数独(すうどく)のこたえ●

1

4	3	1	2
1	2	3	4
2	1	4	3
3	4	2	1

2

4	1	2	3
3	2	1	4
1	4	3	2
2	3	4	1

3

2	3	1	4
4	1	3	2
1	4	2	3
3	2	4	1

4

3	2	4	1
4	1	3	2
1	4	2	3
2	3	1	4

5

2	3	1	4
4	1	3	2
1	2	4	3
3	4	2	1

6

3	1	2	4
4	2	1	3
1	3	4	2
2	4	3	1

7

3	4	1	2
1	2	4	3
2	1	3	4
4	3	2	1

8

3	1	4	2
4	2	1	3
2	4	3	1
1	3	2	4

9

2	4	3	1
1	3	4	2
3	2	1	4
4	1	2	3

10

2	4	1	3
3	1	2	4
1	3	4	2
4	2	3	1

11

3	1	2	4
4	2	3	1
2	4	1	3
1	3	4	2

12

4	1	2	3
2	3	4	1
3	4	1	2
1	2	3	4

13

1	4	3	2
3	2	1	4
2	1	4	3
4	3	2	1

14

3	4	1	2
2	1	3	4
4	3	2	1
1	2	4	3

15

3	4	2	1
1	2	3	4
4	3	1	2
2	1	4	3

16

4	1	2	3
3	2	4	1
1	4	3	2
2	3	1	4

17

4	1	2	3
3	2	4	1
2	3	1	4
1	4	3	2

18

2	1	3	4
4	3	2	1
3	4	1	2
1	2	4	3

19

3	2	1	4
4	1	3	2
2	3	4	1
1	4	2	3

20

3	2	4	1
4	1	3	2
1	4	2	3
2	3	1	4

21

3	4	1	2
1	2	3	4
4	1	2	3
2	3	4	1

22

2	1	3	4
4	3	2	1
1	2	4	3
3	4	1	2

23

1	2	4	3
3	4	2	1
4	3	1	2
2	1	3	4

24

3	1	4	2
4	2	3	1
1	4	2	3
2	3	1	4

25

1	4	3	2
3	2	4	1
4	1	2	3
2	3	1	4

26

4	2	3	1
3	1	4	2
1	4	2	3
2	3	1	4

27

3	1	4	2
2	4	3	1
1	3	2	4
4	2	1	3

28

3	1	2	4
4	2	1	3
1	4	3	2
2	3	4	1

29

4	3	1	2
1	2	4	3
3	4	2	1
2	1	3	4

30

4	2	3	1
1	3	4	2
2	4	1	3
3	1	2	4

31

1	3	4	2
2	4	1	3
4	2	3	1
3	1	2	4

32

1	2	5	6	3	4	8	9	7
4	3	9	8	5	7	1	6	2
7	8	6	2	1	9	5	4	3
9	6	1	3	8	2	7	5	4
8	7	3	9	4	5	6	2	1
2	5	4	7	6	1	3	8	9
6	9	8	1	2	3	4	7	5
3	4	2	5	7	6	9	1	8
5	1	7	4	9	8	2	3	6

33

7	5	1	8	6	9	4	2	3
6	2	8	4	7	3	5	1	9
3	4	9	5	1	2	7	8	6
1	8	3	7	4	6	2	9	5
2	7	4	9	8	5	6	3	1
9	6	5	2	3	1	8	7	4
5	3	6	1	2	7	9	4	8
4	1	7	6	9	8	3	5	2
8	9	2	3	5	4	1	6	7

34

2	1	3	5	8	6	4	9	7
5	7	4	9	3	2	6	1	8
9	6	8	7	4	1	2	5	3
3	9	2	4	5	7	8	6	1
8	4	6	2	1	9	7	3	5
7	5	1	8	6	3	9	2	4
4	3	9	6	7	5	1	8	2
6	8	5	1	2	4	3	7	9
1	2	7	3	9	8	5	4	6

35

5	7	8	6	4	3	2	1	9
4	9	2	1	5	7	6	3	8
1	3	6	9	2	8	5	7	4
2	5	9	7	3	6	8	4	1
8	6	7	4	9	1	3	5	2
3	1	4	5	8	2	7	9	6
6	2	1	3	7	4	9	8	5
9	4	3	8	6	5	1	2	7
7	8	5	2	1	9	4	6	3

36

9	1	3	5	7	4	6	2	8
4	2	5	6	8	9	3	7	1
8	7	6	2	1	3	9	5	4
2	5	4	7	3	1	8	9	6
6	8	1	9	4	5	2	3	7
3	9	7	8	2	6	4	1	5
7	3	2	1	6	8	5	4	9
5	4	8	3	9	7	1	6	2
1	6	9	4	5	2	7	8	3

37

6	2	3	8	9	4	7	1	5
1	5	7	2	3	6	8	9	4
4	9	8	7	1	5	2	3	6
5	8	1	3	4	7	6	2	9
2	3	9	6	5	8	4	7	1
7	4	6	1	2	9	5	8	3
9	1	5	4	8	2	3	6	7
8	7	4	9	6	3	1	5	2
3	6	2	5	7	1	9	4	8

38

8	1	2	3	9	6	5	4	7
6	9	4	7	8	5	1	3	2
5	3	7	4	2	1	6	8	9
4	2	1	8	5	7	3	9	6
9	8	5	1	6	3	7	2	4
7	6	3	9	4	2	8	1	5
3	4	6	5	1	9	2	7	8
2	7	9	6	3	8	4	5	1
1	5	8	2	7	4	9	6	3

39

1	8	4	5	7	3	6	2	9
6	3	9	4	2	8	1	7	5
5	7	2	6	1	9	3	8	4
8	2	3	9	5	1	7	4	6
4	6	5	8	3	7	9	1	2
7	9	1	2	6	4	5	3	8
3	5	6	1	8	2	4	9	7
2	4	7	3	9	6	8	5	1
9	1	8	7	4	5	2	6	3

40

2	4	9	7	5	3	6	8	1
6	1	7	9	8	2	4	3	5
3	5	8	6	1	4	9	7	2
7	3	6	2	9	8	5	1	4
5	8	2	4	7	1	3	6	9
1	9	4	5	3	6	7	2	8
8	6	1	3	4	9	2	5	7
9	7	3	8	2	5	1	4	6
4	2	5	1	6	7	8	9	3

41

5	8	3	6	9	2	4	1	7
1	7	2	3	8	4	6	9	5
4	9	6	5	1	7	3	8	2
[illegible]	[illegible]	[illegible]	[illegible]	[illegible]	[illegible]	[illegible]	[illegible]	[illegible]
2	1	8	7	6	3	5	4	9
7	4	9	2	5	1	8	6	3
8	2	4	1	3	5	9	7	6
9	5	7	8	2	6	1	3	4
6	3	1	4	7	9	2	5	8

42

1	2	3	5	9	6	8	7	4
8	5	6	7	1	4	3	9	2
4	7	9	3	8	2	1	5	6
[illegible]	[illegible]	[illegible]	[illegible]	[illegible]	[illegible]	[illegible]	[illegible]	[illegible]
7	4	8	6	5	9	2	3	1
9	3	5	2	4	1	6	8	7
3	8	4	1	6	5	7	2	9
5	1	2	9	3	7	4	6	8
6	9	7	4	2	8	5	1	3

43

2	8	4	3	7	1	9	5	6
5	1	9	6	8	2	3	4	7
6	7	3	4	9	5	8	1	2
7	9	1	2	4	3	5	6	8
8	5	2	7	1	6	4	3	9
3	4	6	9	5	8	2	7	1
1	6	5	8	3	9	7	2	4
9	3	7	1	2	4	6	8	5
4	2	8	5	6	7	1	9	3

44

6	7	8	2	1	5	9	3	4
1	2	5	3	9	4	8	7	6
4	3	9	8	6	7	1	5	2
2	4	3	9	5	8	6	1	7
5	8	6	7	4	1	2	9	3
9	1	7	6	2	3	5	4	8
3	6	1	5	7	2	4	8	9
7	5	2	4	8	9	3	6	1
8	9	4	1	3	6	7	2	5

45

2	7	1	5	6	3	9	8	4
3	4	6	9	8	1	2	7	5
5	9	8	7	2	4	3	6	1
1	5	9	3	7	6	4	2	8
4	3	7	8	1	2	5	9	6
8	6	2	4	9	5	7	1	3
9	8	3	6	5	7	1	4	2
7	1	5	2	4	8	6	3	9
6	2	4	1	3	9	8	5	7

46

1	2	3	7	9	4	6	5	8
6	5	4	1	3	8	2	9	7
7	8	9	5	2	6	3	4	1
4	3	7	9	6	1	8	2	5
2	9	1	3	8	5	4	7	6
8	6	5	2	4	7	1	3	9
3	4	8	6	5	9	7	1	2
5	7	6	4	1	2	9	8	3
9	1	2	8	7	3	5	6	4

47

2	5	3	4	6	7	8	1	9
4	9	7	1	8	3	5	6	2
6	1	8	9	2	5	3	4	7
3	6	9	8	1	2	7	5	4
8	2	4	7	5	6	9	3	1
1	7	5	3	9	4	2	8	6
9	3	6	2	4	8	1	7	5
5	8	1	6	7	9	4	2	3
7	4	2	5	3	1	6	9	8

48

1	2	3	4	5	6	7	8	9
4	8	9	2	3	7	6	1	5
6	5	7	8	9	1	2	4	3
9	6	8	3	4	2	1	5	7
7	3	4	5	1	8	9	2	6
2	1	5	7	6	9	4	3	8
5	7	1	6	8	4	3	9	2
3	9	2	1	7	5	8	6	4
8	4	6	9	2	3	5	7	1

49

4	3	2	1	7	8	6	9	5
6	8	1	5	9	2	3	7	4
7	9	5	4	6	3	1	2	8
3	2	6	7	5	1	8	4	9
8	4	7	2	3	9	5	1	6
1	5	9	6	8	4	2	3	7
9	7	3	8	1	5	4	6	2
2	1	8	9	4	6	7	5	3
5	6	4	3	2	7	9	8	1

50

4	2	6	8	7	9	5	3	1
3	7	8	1	5	6	4	9	2
9	1	5	2	4	3	7	6	8
1	6	7	3	8	2	9	5	4
5	8	9	7	1	4	6	2	3
2	3	4	6	9	5	8	1	7
6	4	1	9	3	7	2	8	5
7	9	3	5	2	8	1	4	6
8	5	2	4	6	1	3	7	9

51

4	6	8	1	7	5	2	9	3
5	2	9	3	8	4	7	1	6
7	3	1	6	9	2	4	5	8
3	8	5	2	4	9	6	7	1
1	9	4	7	3	6	8	2	5
6	7	2	8	5	1	3	4	9
9	4	7	5	6	3	1	8	2
8	1	6	9	2	7	5	3	4
2	5	3	4	1	8	9	6	7

52

1	8	2	6	3	9	5	7	4
9	7	5	4	8	2	3	1	6
6	3	4	1	7	5	9	8	2
2	5	6	7	1	3	4	9	8
8	1	3	9	5	4	2	6	7
7	4	9	8	2	6	1	5	3
4	9	8	2	6	1	7	3	5
5	2	7	3	9	8	6	4	1
3	6	1	5	4	7	8	2	9

53

6	1	4	5	8	9	7	3	2
7	5	2	3	4	6	1	8	9
8	3	9	1	7	2	6	5	4
1	4	6	7	5	3	2	9	8
5	7	8	2	9	1	3	4	6
9	2	3	4	6	8	5	7	1
2	9	1	8	3	5	4	6	7
3	8	7	6	1	4	9	2	5
4	6	5	9	2	7	8	1	3

54

5	3	1	2	8	7	9	4	6
4	7	8	3	6	9	1	2	5
2	9	6	1	4	5	3	8	7
9	1	7	5	2	3	8	6	4
6	2	3	8	9	4	7	5	1
8	4	5	6	7	1	2	9	3
7	5	4	9	1	8	6	3	2
3	6	9	7	5	2	4	1	8
1	8	2	4	3	6	5	7	9

55

6	5	3	8	7	9	1	4	2
7	8	9	4	1	2	5	6	3
2	1	4	3	5	6	8	7	9
4	9	5	7	8	3	6	2	1
3	7	2	6	4	1	9	8	5
8	6	1	9	2	5	7	3	4
5	3	6	2	9	8	4	1	7
1	4	8	5	3	7	2	9	6
9	2	7	1	6	4	3	5	8

56

4	5	3	1	8	2	9	6	7
9	1	2	7	5	6	3	4	8
8	7	6	9	4	3	1	5	2
7	6	9	8	2	5	4	3	1
2	4	5	3	7	1	8	9	6
1	3	8	6	9	4	2	7	5
5	9	1	4	6	8	7	2	3
6	8	4	2	3	7	5	1	9
3	2	7	5	1	9	6	8	4

57

8	7	4	2	1	5	9	6	3
3	9	1	7	4	6	2	8	5
2	6	5	3	9	8	4	7	1
9	4	6	1	3	2	7	5	8
7	1	3	5	8	9	6	2	4
5	2	8	4	6	7	1	3	9
6	3	7	9	5	4	8	1	2
1	8	9	6	2	3	5	4	7
4	5	2	8	7	1	3	9	6

58

3	4	8	1	6	7	2	9	5
9	1	2	3	4	5	6	7	8
7	6	5	2	9	8	3	1	4
4	7	9	8	3	1	5	2	6
6	2	3	5	7	9	4	8	1
8	5	1	6	2	4	7	3	9
2	9	4	7	1	6	8	5	3
1	8	7	4	5	3	9	6	2
5	3	6	9	8	2	1	4	7

59

2	6	9	8	5	7	4	3	1
8	5	3	1	2	4	7	6	9
7	4	1	9	6	3	5	2	8
6	1	7	2	9	5	8	4	3
3	9	4	7	8	1	6	5	2
5	8	2	3	4	6	9	1	7
9	7	6	4	3	2	1	8	5
4	3	8	5	1	9	2	7	6
1	2	5	6	7	8	3	9	4

60

5	2	1	8	4	3	9	6	7
4	8	7	1	6	9	5	3	2
3	9	6	2	5	7	8	4	1
1	6	2	4	3	5	7	9	8
7	4	9	6	8	2	1	5	3
8	3	5	9	7	1	6	2	4
9	7	4	5	2	8	3	1	6
2	5	3	7	1	6	4	8	9
6	1	8	3	9	4	2	7	5

61

7	4	5	2	9	3	6	1	8
8	2	3	1	6	5	7	4	9
1	6	9	8	4	7	3	5	2
5	3	1	6	7	2	9	8	4
9	7	4	5	3	8	1	2	6
6	8	2	9	1	4	5	7	3
3	5	8	7	2	6	4	9	1
4	1	7	3	8	9	2	6	5
2	9	6	4	5	1	8	3	7

62

4	6	5	3	1	7	9	8	2
2	8	7	9	6	4	1	5	3
1	9	3	2	8	5	6	4	7
7	4	9	8	3	1	5	2	6
3	2	1	6	5	9	8	7	4
8	5	6	7	4	2	3	1	9
9	3	4	5	2	8	7	6	1
6	1	8	4	7	3	2	9	5
5	7	2	1	9	6	4	3	8

63

3	7	2	9	6	4	5	1	8
9	4	8	5	1	2	3	7	6
6	1	5	7	8	3	4	9	2
2	6	4	1	7	9	8	5	3
5	8	7	3	4	6	1	2	9
1	9	3	8	2	5	6	4	7
4	3	6	2	5	7	9	8	1
7	5	1	6	9	8	2	3	4
8	2	9	4	3	1	7	6	5

64

1	9	5	7	2	8	4	3	6
2	6	3	1	5	4	9	7	8
8	4	7	9	6	3	5	1	2
5	1	4	3	8	6	2	9	7
7	8	6	5	9	2	3	4	1
3	2	9	4	7	1	8	6	5
4	7	1	8	3	5	6	2	9
9	5	2	6	4	7	1	8	3
6	3	8	2	1	9	7	5	4

65

8	7	5	2	6	3	1	4	9
9	1	4	5	8	7	6	2	3
6	3	2	1	4	9	5	7	8
2	8	6	3	7	1	4	9	5
3	4	9	6	2	5	8	1	7
7	5	1	4	9	8	3	6	2
5	2	3	9	1	4	7	8	6
4	6	8	7	3	2	9	5	1
1	9	7	8	5	6	2	3	4

66

1	3	4	2	9	5	8	7	6
5	2	6	7	8	1	3	9	4
7	9	8	3	4	6	2	5	1
2	8	3	6	5	4	9	1	7
6	4	1	9	7	3	5	8	2
9	5	7	8	1	2	6	4	3
8	6	5	1	3	7	4	2	9
4	7	2	5	6	9	1	3	8
3	1	9	4	2	8	7	6	5

67

3	2	7	6	5	9	8	4	1
6	8	9	1	4	2	7	5	3
5	4	1	7	8	3	6	9	2
4	6	3	8	9	1	2	7	5
7	9	2	5	3	6	1	8	4
1	5	8	4	2	7	3	6	9
8	1	4	3	7	5	9	2	6
9	3	5	2	6	8	4	1	7
2	7	6	9	1	4	5	3	8

68

4	1	8	6	9	7	3	5	2
3	6	7	2	4	5	8	9	1
5	2	9	1	3	8	6	4	7
8	4	1	7	5	2	9	3	6
2	3	5	9	8	6	1	7	4
9	7	6	3	1	4	2	8	5
6	8	4	5	2	9	7	1	3
7	9	3	4	6	1	5	2	8
1	5	2	8	7	3	4	6	9

69

4	1	6	5	9	2	7	8	3
3	8	9	7	6	1	4	2	5
2	5	7	3	4	8	9	6	1
9	4	8	1	2	3	6	5	7
1	6	5	8	7	9	2	3	4
7	2	3	6	5	4	8	1	9
5	9	4	2	3	6	1	7	8
8	3	2	4	1	7	5	9	6
6	7	1	9	8	5	3	4	2

70

2	5	1	9	3	4	7	6	8
8	4	9	6	7	2	1	3	5
6	3	7	1	5	8	2	4	9
3	9	5	7	2	6	8	1	4
7	8	4	5	9	1	6	2	3
1	6	2	4	8	3	5	9	7
4	1	3	8	6	5	9	7	2
5	7	6	2	4	9	3	8	1
9	2	8	3	1	7	4	5	6

●数字をつなごうのこたえ●

1

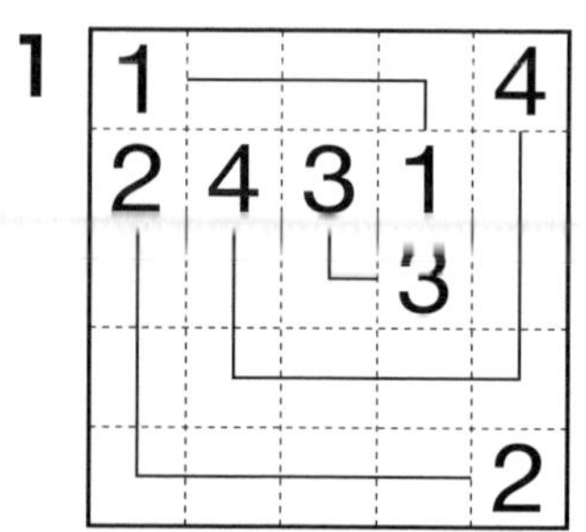

2

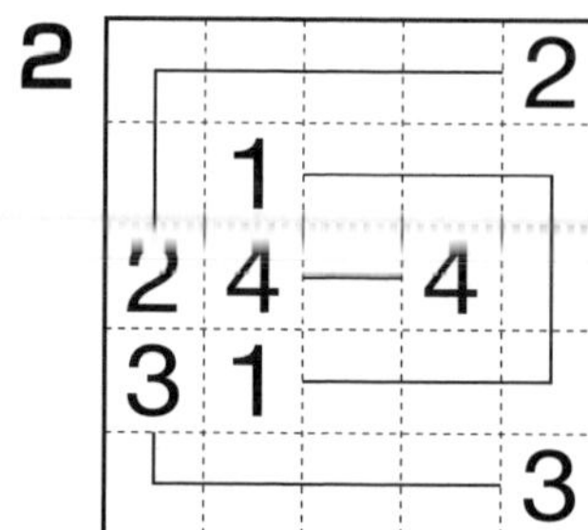

3

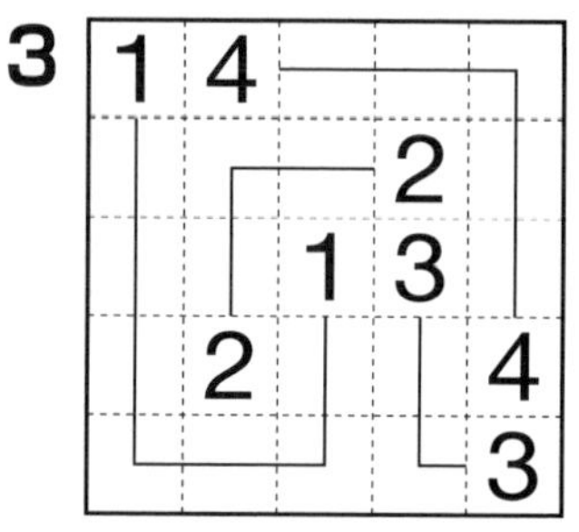

4

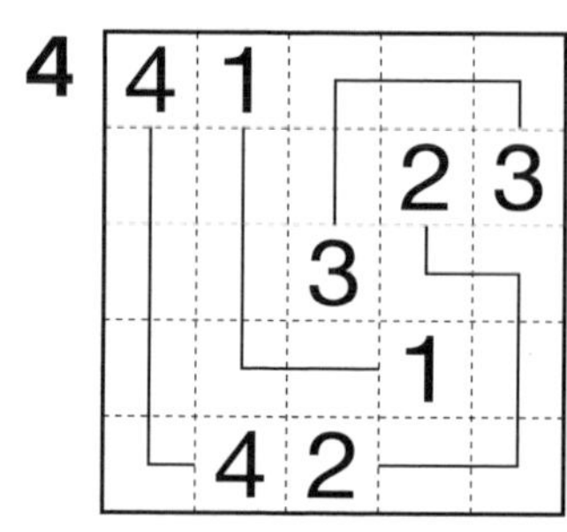

5

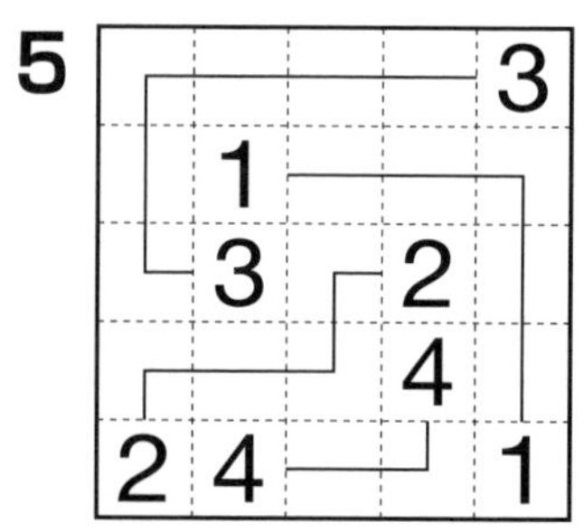

6

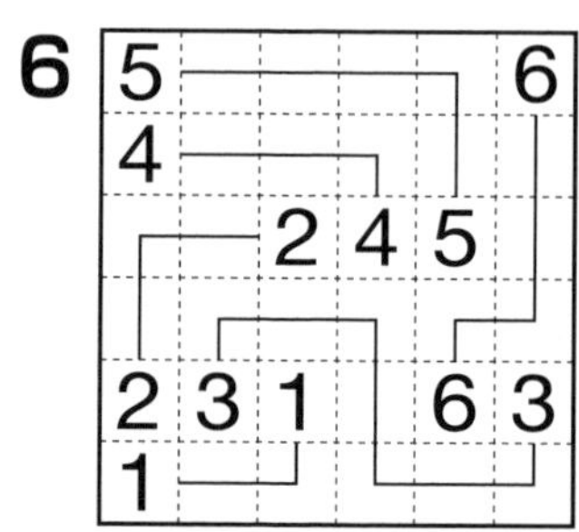

7
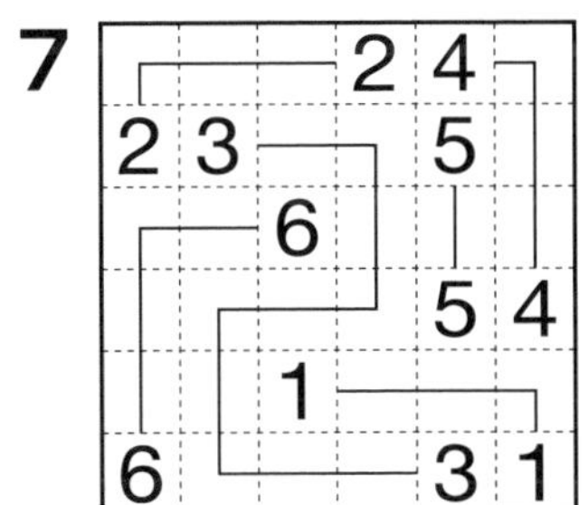

8
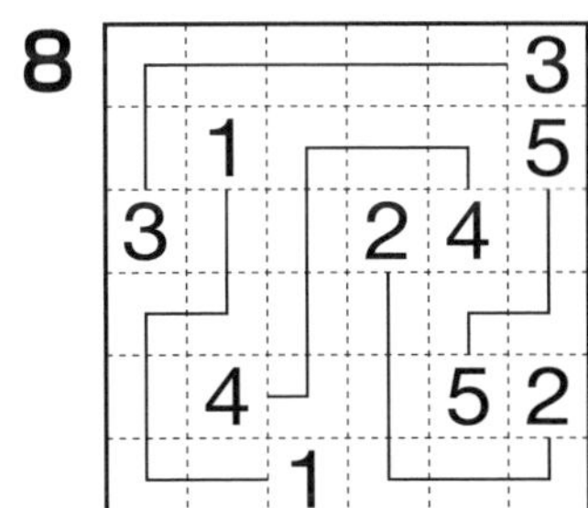

9
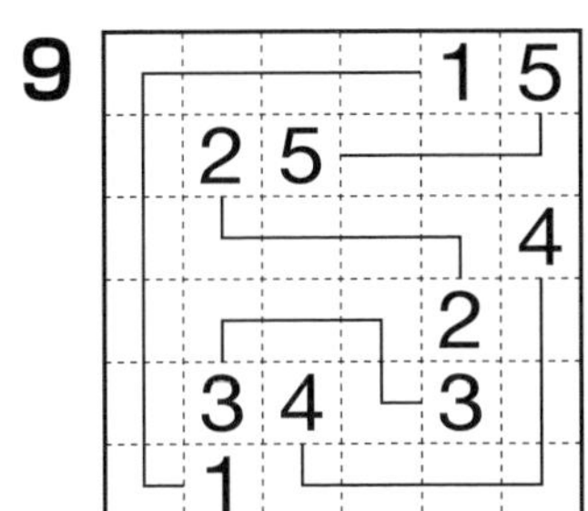

10
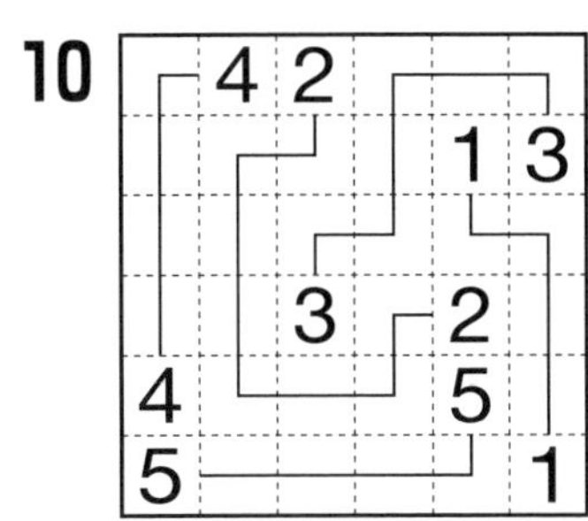

11
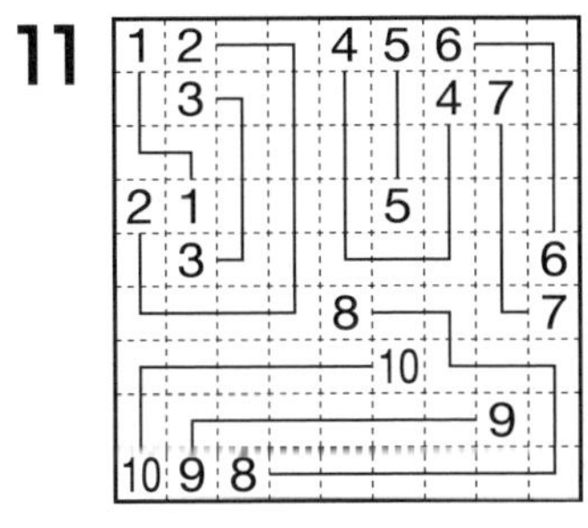

12
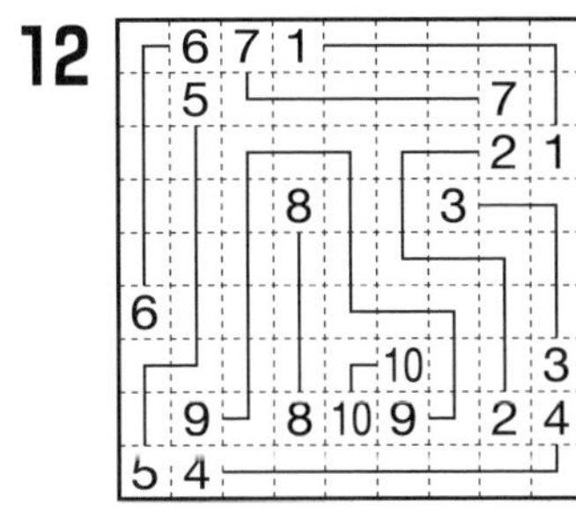

13
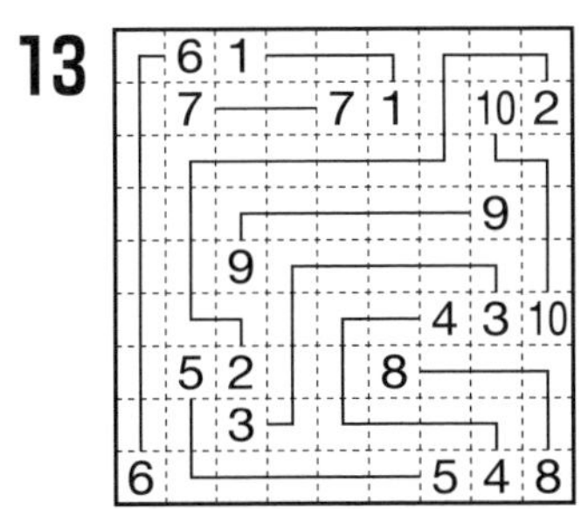

14
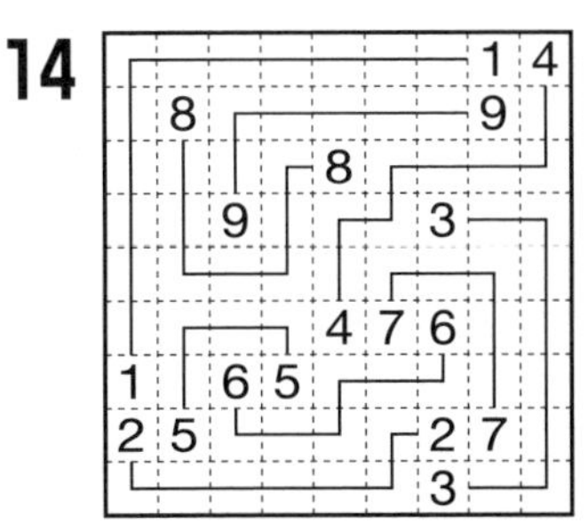

15

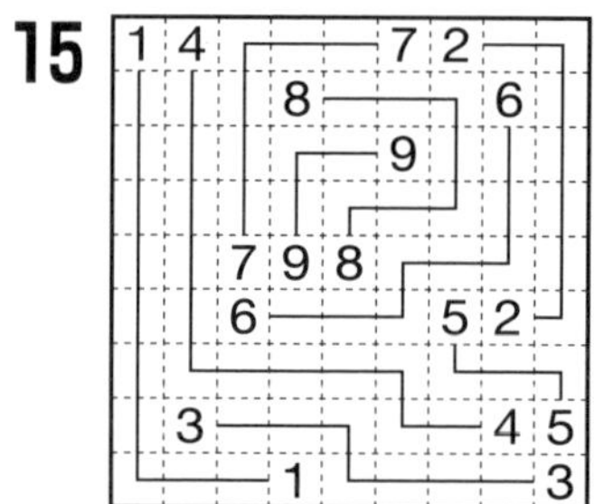

16

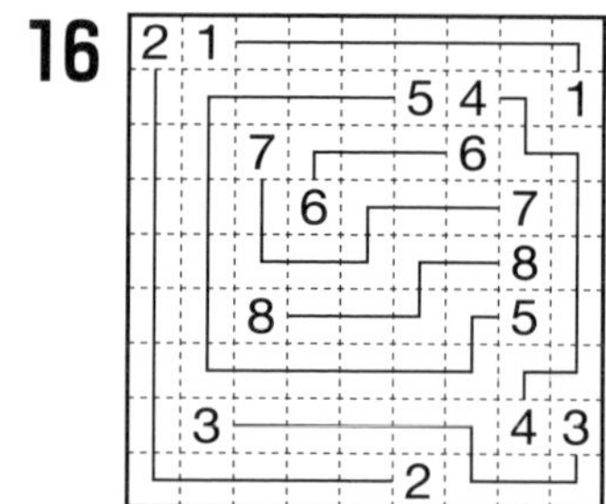

17

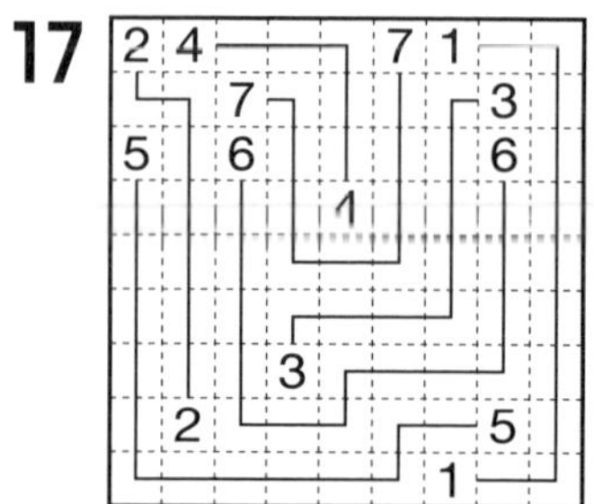

18

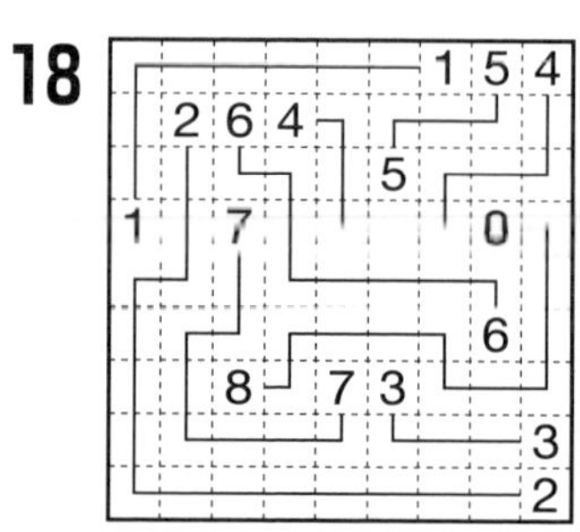

19

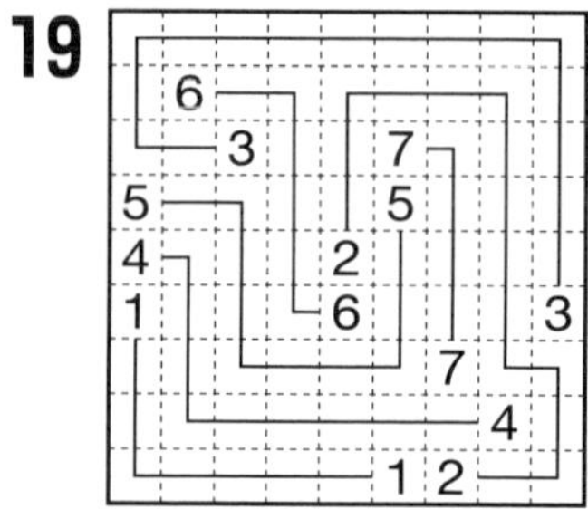

20

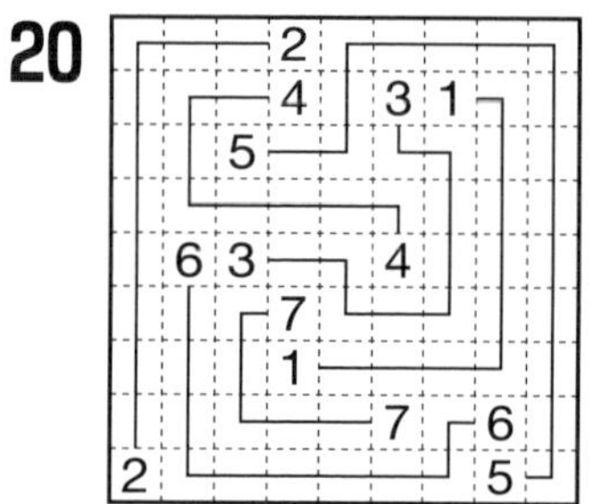

●四角(しかく)に切(き)ろうのこたえ●

1
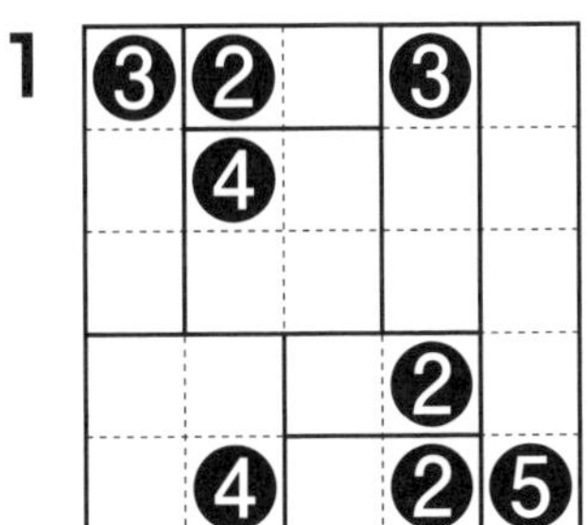

2
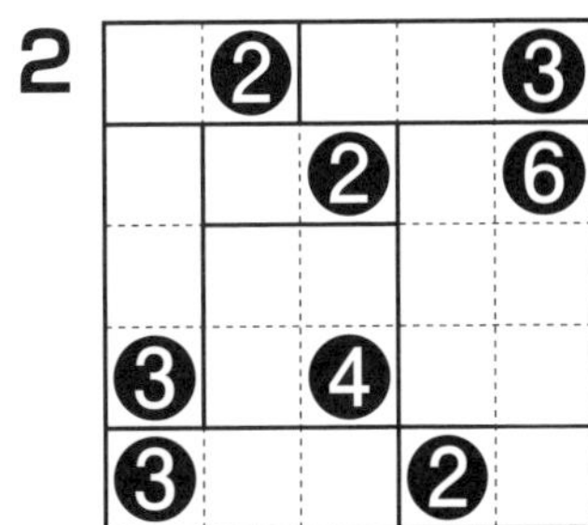

3
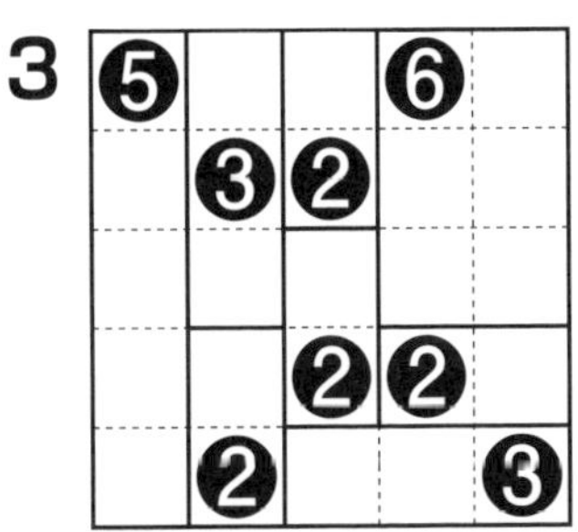

4
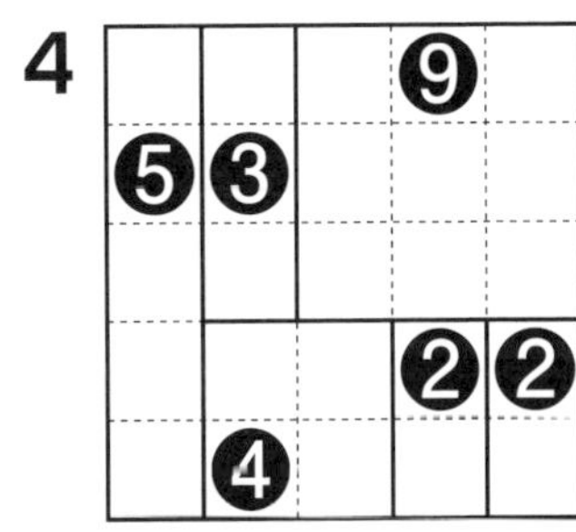

5
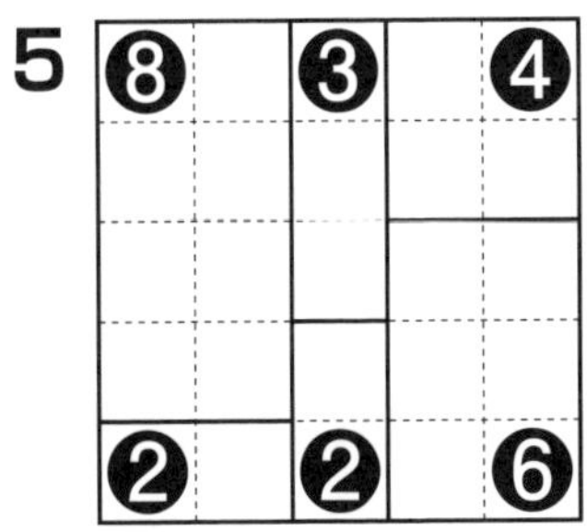

6
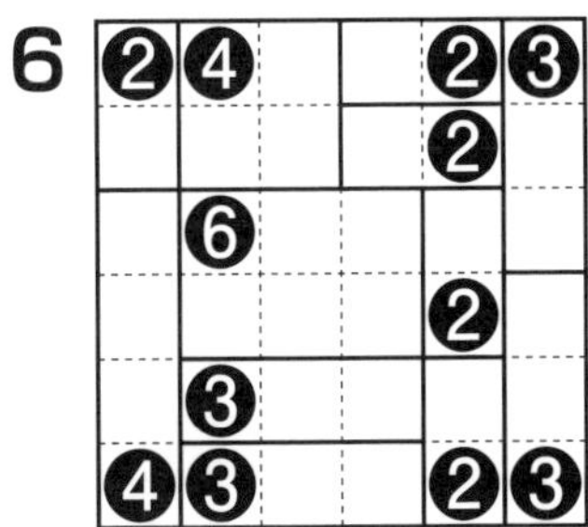

7
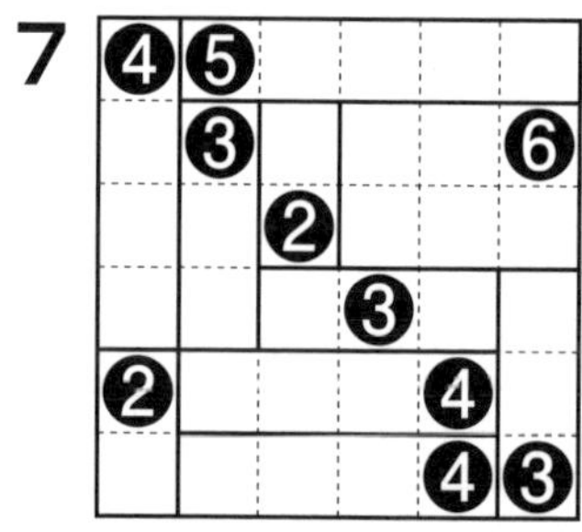

8
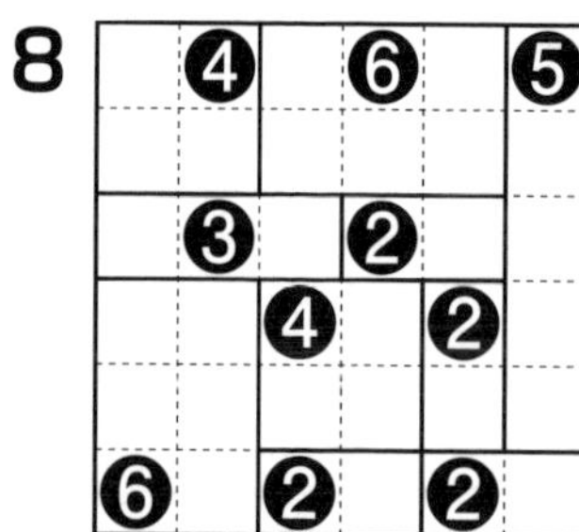

9
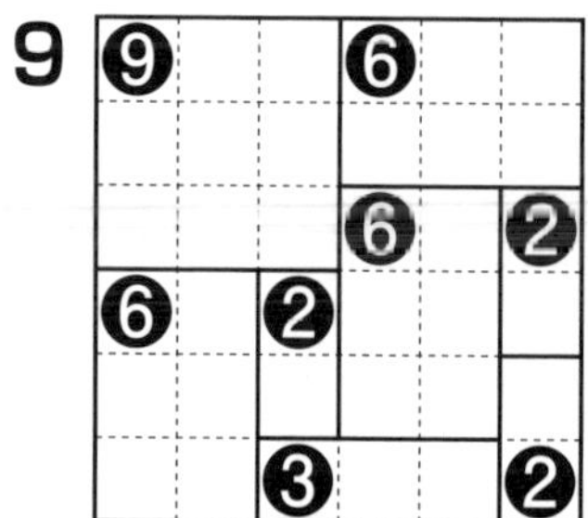

10
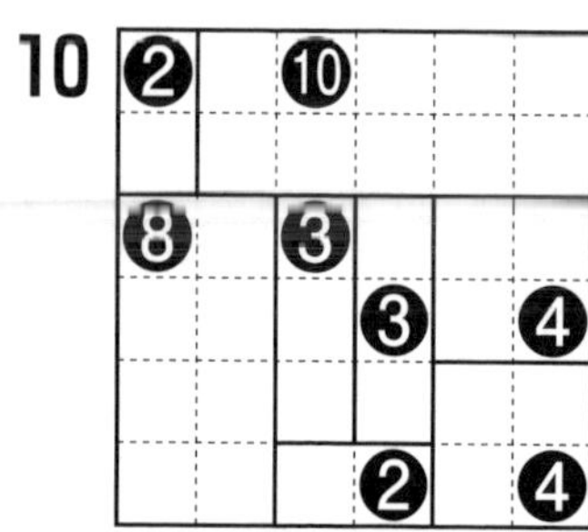

11
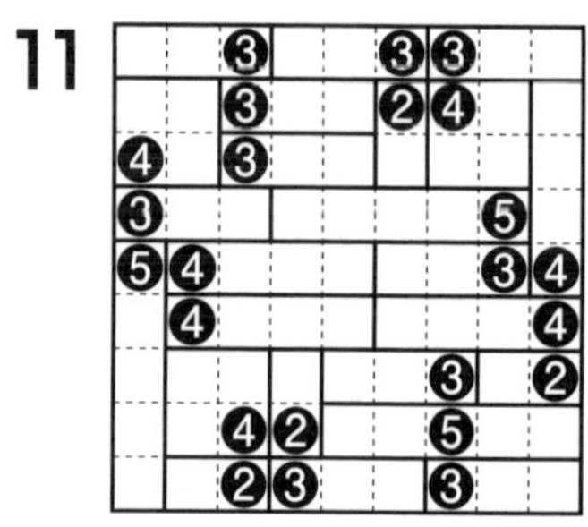

12
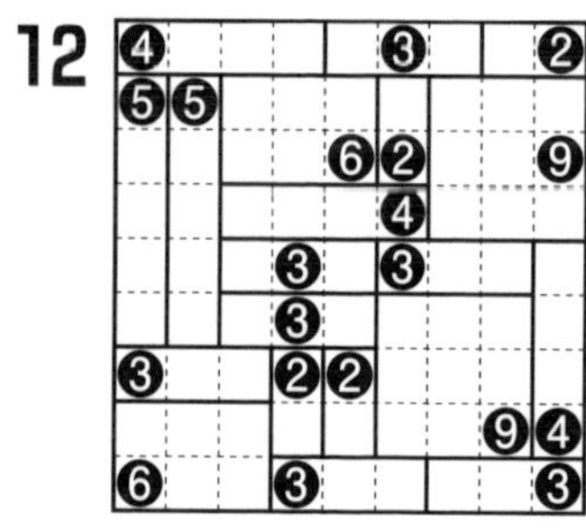

13
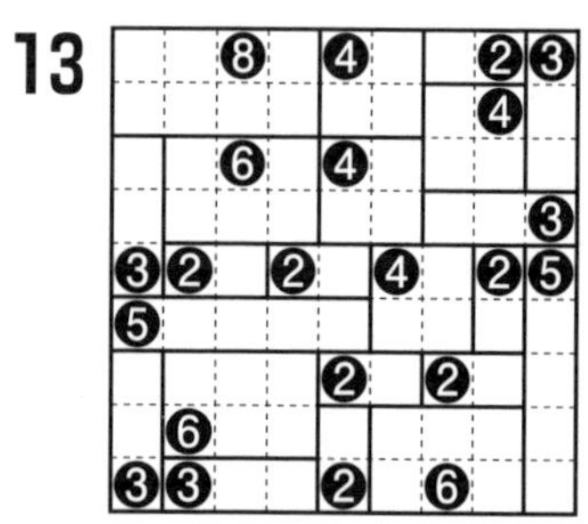

14
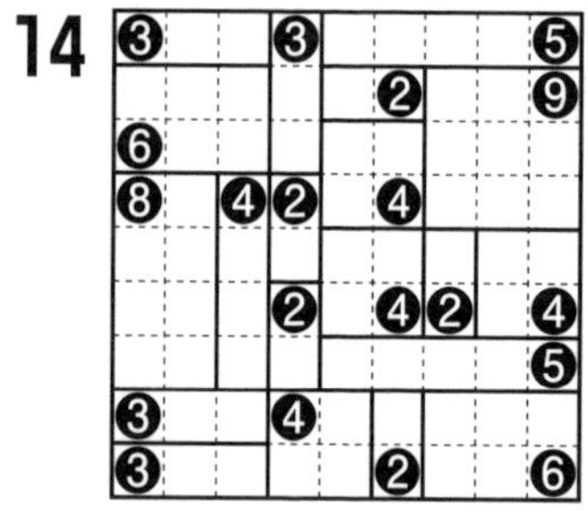

15
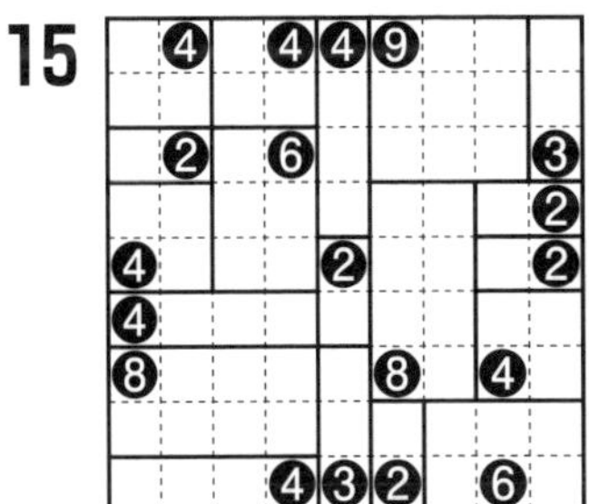

16
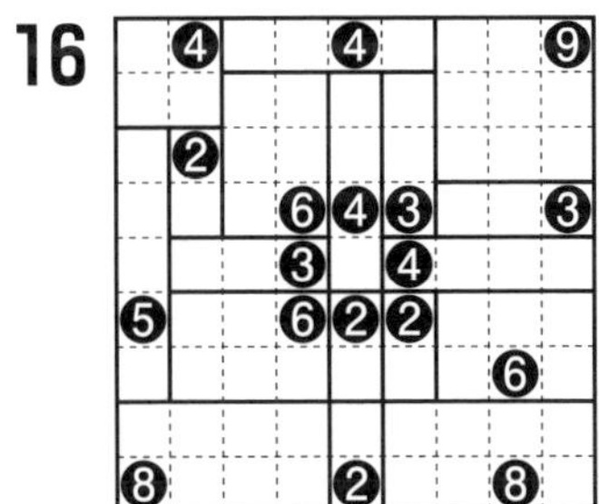

17
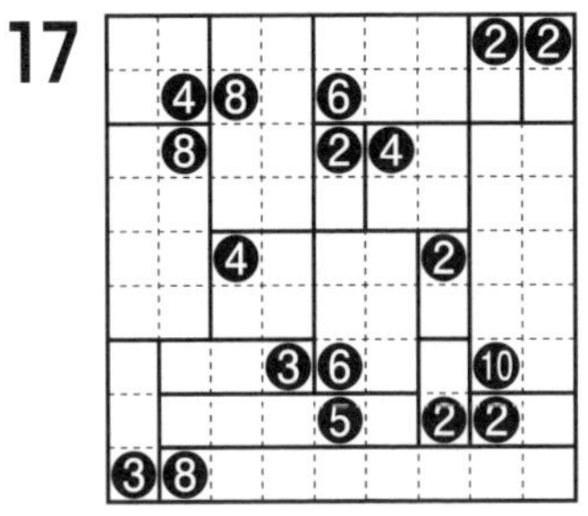

18
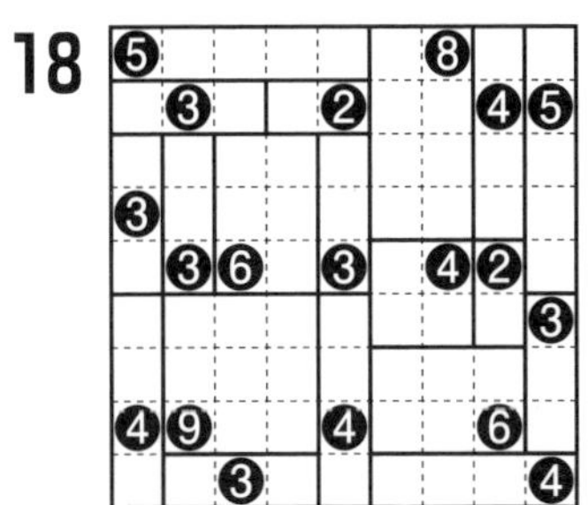

19
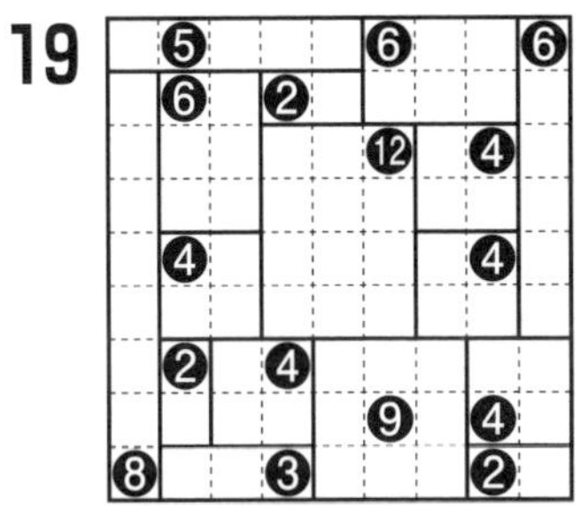

20
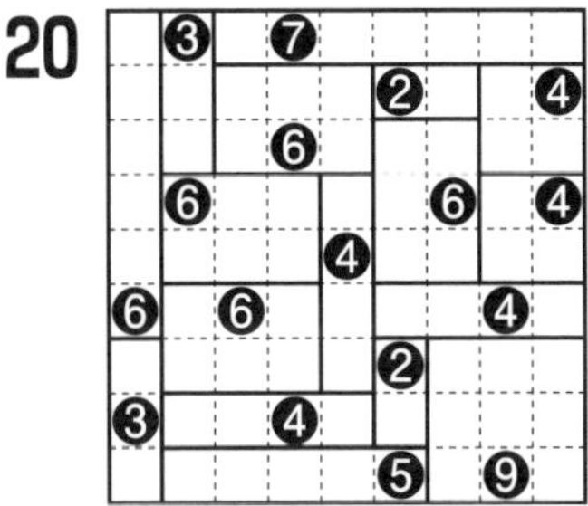

Rules of Sudoku(4×4)

1. Place a number from 1 to 4 in each empty cell.
2. Each row, column, and 2x2 block bounded by bold lines (four blocks) contains all the numbers from 1 to 4.

Rules of Sudoku(9×9)

1. Place a number from 1 to 9 in each empty cell.
2. Each row, column, and 3x3 block bounded by bold lines (nine blocks) contains all the numbers from 1 to 9.

Rules of Numberlink

1. Connect pairs of the same numbers with a continuous line.
2. Lines go through the center of the cells, horizontally, vertically, or changing direction, and never twice through the same cell.
3. Lines cannot cross, branch off, or go through the cells with numbers.

Rules of Shikaku

1. Divide the grid into rectangles with the numbers in the cells.
2. Each rectangle is to contain only one number showing the number of cells in the rectangle

あつまれ!! 小学生の数独 1・2・3年

●2020年３月10日　初版第１刷発行
●2024年１月17日　第　　３　　刷
●発行人　安福良直
●編集人　菱谷桃太郎
●発行所　株式会社ニコリ
〒103-0007　東京都中央区日本橋浜町3-36-5-3F
TEL:03-3527-2512
https://www.nikoli.co.jp/
●表紙デザイン　Yama's　Company
●本文デザイン　川嶋瑞穂
●イラスト　みりのと
●印刷所　株式会社光邦

ISBN978-4-89072-389-8 C8076
・乱丁、落丁本はお取り換えいたします。